Couverture inférieure manquante

Original en couleur

NF Z 43-120-8

LETTRES INÉDITES

DE

QUELQUES HOMMES CÉLÈBRES

DE L'AGENAIS

RECUEILLIES, PUBLIÉES, ANNOTÉES

PAR

PH. TAMIZEY DE LARROQUE

Il faut aimer de tout son cœur la grande patrie
et encore plus, s'il se peut, la petite patrie.

AGEN

MICHEL ET MÉDAN
FERRAN FRÈRES, Successeurs
RUE PONT-DE-GARONNE, 16

PARIS

ALPHONSE PICARD
RUE BONAPARTE, 82

1893

LETTRES INÉDITES DE QUELQUES HOMMES CÉLÈBRES

DE L'AGENAIS

LETTRES INÉDITES

DE

QUELQUES HOMMES CÉLÈBRES

DE L'AGENAIS

RECUEILLIES, PUBLIÉES, ANNOTÉES

PAR

PH. TAMIZEY DE LARROQUE

Il faut aimer de tout son cœur la grande patrie
et encore plus, s'il se peut, la petite patrie.

AGEN

MICHEL ET MÉDAN

FERRAN FRÈRES, Successeurs

RUE FONT-DE-GARONNE, 16

PARIS

ALPHONSE PICARD

RUE BONAPARTE, 82

1893

EXTRAIT, A CENT CINQUANTE EXEMPLAIRES,

DU *Recueil des Travaux de la Société des Lettres, Sciences et Arts d'Agen.*

A

MON VIEIL AMI

ADOLPHE MAGEN

QUI, DEPUIS PLUS D'UN DEMI-SIÈCLE,

SE CONSACRE TOUT ENTIER

A NOTRE CHER AGENAIS,

FRATERNEL HOMMAGE.

T. DE L.

AVERTISSEMENT

Depuis longtemps déjà je recherche avec ardeur les lettres écrites par ceux de mes compatriotes qui, à des titres divers, ont mérité l'attention de la postérité. J'aurais voulu — trop vaste et trop ambitieux projet ! — retrouver quelques pages de chacun des personnages qui, depuis l'aurore du xvie siècle jusqu'à la Révolution, ont fait plus ou moins honneur à ma chère province natale. Si, dans une battue commencée vers 1860 et continuée presque sans interruption jusqu'à ces derniers jours, j'ai pu, avec le concours d'amis dévoués [1], mettre la main sur plusieurs pièces de notable valeur, j'ai dû, d'autre part,

---

[1] Je nommerai, en suivant l'ordre alphabétique, feu Henri Bordier, M. Maurice Chévrier, attaché au Ministère des affaires étrangères, M. Léopold Delisle, M. A. Gazier, professeur à la Faculté des lettres de Paris, M. Ch. Marty-Laveaux, M. Henri Omont (de la Bibliothèque nationale), M. Léon G. Pélissier, ancien membre de

1

renoncer à prendre divers oiseaux rares qui auraient singulièrement orné ma volière. C'est ainsi que j'ai vainement cherché un peu partout des pages inédites de deux écrivains, l'un du xvie siècle, l'autre du xviie, dont la réputation fut jadis considérable et dont le nom a encore quelque retentissement : Florimond de Raymond et Théophile de Viau. Dans la poursuite d'un autographe du vaillant polémiste, j'étais pourtant aidé par une *chasseresse* aussi zélée pour l'accroissement de ses belles collections que pour la mémoire de son arrière-grand-oncle, mon inoubliable amie Madame la Comtesse Marie de Raymond. Nous ne nous rencontrions jamais sans échanger, à ce sujet, nos vives doléances et — l'avouerai-je ? — sans jalouser un peu notre cher confrère, M. le baron Alphonse de Ruble, qui avait eu la bonne fortune d'insérer, dans sa mémorable édition des œuvres de Blaise de Monluc, une très curieuse lettre du premier éditeur des *Commentaires*, éditeur dont on peut dire qu'il combattit les huguenots de sa plume avec autant de fougue que son héros les combattit de son épée. Pour Théophile de Viau, je n'avais pas de compagne d'infortune : j'étais seul à me désespérer de

---

l'Ecole française de Rome, professeur à la Faculté des lettres de Montpellier, feu le marquis de Queux de Saint-Hilaire, M. Maurice Tourneux, M. l'abbé Charles Urbain, M. Aimé Vingtrinier, conservateur de la Bibliothèque de la ville de Lyon. Je dois à quelques-uns de mes aimables collaborateurs d'utiles indications, à d'autres de précieuses transcriptions : Je les confonds tous dans la même reconnaissance.

ne pouvoir atteindre en lui ni le prosateur, ni le poète, également supérieurs (sauf quelques défaillances sur lesquelles on a trop insisté [1]), et ma déconvenue m'a été d'autant plus sensible qu'autour de moi divers chercheurs ont été plus heureux [2].

J'aurais encore bien voulu découvrir quelques pages des deux poètes agenais dont j'ai publié, d'après le manuscrit autographe de la Bibliothèque du Louvre (Agen, 1858), la vie écrite par le bon Guillaume

---

[1] Le dernier, et peut-être le meilleur historien de notre littérature, M. A. Gazier, a été plus juste que la plupart de ses devanciers pour Théophile. Voici son appréciation (p. 153) : « Il suffit de jeter un coup d'œil sur ses poésies pour lui reconnaître un véritable talent, beaucoup d'imagination, de l'esprit, de la grâce et une facilité remarquable. » L'éminent critique ajoute (p. 154) que si Théophile n'était pas mort si jeune, il se serait montré sans doute plus sévère pour lui-même, et que « l'on pourrait aujourd'hui, sans faire injure au bon goût, le *préférer même à Malherbe.* » Malherbe au-dessous de Théophile ! Je vois d'ici se hérisser la perruque de Boileau, mais l'auteur de l'*Art poétique* n'a-t-il pas eu je tort de condamner notre poète sur une citation de deux mauvais vers ? N'y aurait-il pas la même iniquité à juger les œuvres de Boileau d'après une pièce indigne de lui, la satire de *l'équivoque* ?

[2] Trois de mes bons amis, dont un malheureusement n'est plus, ont déniché, le premier — qui était le très regretté A. Faugère-Dubourg — une exquise petite lettre (*Th. de Viau, sa vie et ses œuvres,* dans la *Revue d'Aquitaine,* de 1859) ; le second, M. Jules Andrieu, des stances de vive allure adressées à M. de Liancourt (*Th. de Viau. Etude bio-bibliographique*, Agen, 1887) ; le dernier, M. Ch. Urbain, une ode où sont paraphrasés d'une façon charmante les doux vers d'Horace : *Sic te diva potens Cypri. (Vers oubliés remis en lumière,* Paris, 1891).

Colletet, Antoine de la Pujade et Guillaume du Sable ; quelques pages d'un philosophe qui a été un des plus estimables disciples du grand Descartes et qui jouissait de beaucoup de crédit auprès de ses contemporains, comme l'atteste le docte Graverol (lettre du 17 août 1691 conservée en l'Inguimbertine de Carpentras, registre 435, fol. 63) : « Je viens d'apprendre que M. Regis, fameux cartésien, court risque de ne pas vivre long-temps [1] » ; quelques pages aussi d'un médecin dont le renom fut très étendu, Antoine Ferrein, lequel eut le triple honneur de professer au Collège de France, au Jardin des Plantes, et de siéger à l'Académie des Sciences [2]; quelques pages encore

---

[1] Signalons en la Bibliothèque Nationale (F. Fr. 14703) un manuscrit inédit et autographe du docte évêque d'Avranches, Daniel Huet, contre notre philosophe : *Censure de la réponse faite par M. Regis* au livre intitulé : *Censura philosophiæ cartusianæ*, par Théocrite de La Roche, seigneur de Pluvigny.

[2] L'Agenais a fourni de précieuses recrues à cette compagnie et je citerai non sans quelque fierté les noms de Bory de Saint-Vincent, de M. Henri de Lacaze-Duthiers, du comte de Lacépède, de l'anatomiste Etienne Serres, en rappelant, de plus, que Sainte-Foy la Grande, qui faisait autrefois partie de l'Agenais, a été le berceau de deux hommes qui, s'ils n'ont pas été académiciens, étaient dignes de l'être, le docteur Paul Broca et le docteur Louis Gratiolet. Revenons à Ferrein pour noter que, si sa correspondance paraît être perdue, on a conservé du moins quelques-uns de ses manuscrits. La Bibliothèque Nationale possède (F. Fr. 12312) une rédaction des leçons du cours « de M. Ferrein, professeur royal », sur les *maladies raisonnées*, (1746. in-f° de 358 p.) et (n° 14815) un *Traité des maladies des yeux* « recueilli avec soin des leçons de M. Ferrein, au mois de may 1740 » (in-4° de 541 p.).

de Louis Jouard de la Nauze, recommandable érudit qui appartenait à ma chère Académie des Inscriptions et Belles-Lettres, compagnie à laquelle nous avons indirectement fourni, depuis, deux critiques hors-ligne, qui descendaient, l'un, d'une famille d'Agen, l'autre d'une famille des environs de Cancon, Jean François Boissonade et Pierre-Claude-François Daunou ; quelques pages surtout — (car j'ai gardé pour la fin de l'énumération le plus ardent de mes *desiderata*) — quelques pages de ce Bernard Palissy qui ne fut pas moins merveilleux écrivain que merveilleux artiste [1]. Que n'aurais-je pas donné pour attraper — je continue à me servir de métaphores cynégétiques — un aussi beau faisan doré — que

---

J'ajoute que l'on trouve à la bibliothèque de Munich (n⁰ˢ 396, 397 et 398) trois autres manuscrits de Ferrein, un *Traité de matière médicale*, un *Traité des maladies simples*, un *Traité des maladies composées*.

[1] M. A. Gazier, dont j'aime à citer la *petite histoire de la littérature française* (sur laquelle je viens d'écrire un long article où de menues observations sont mêlées aux plus sincères éloges. *Revue critique* du 30 mai 1892, p. 434-438) n'hésite pas (p. 110) à mettre « l'émailleur au rang de nos meilleurs écrivains, » ce qu'avait déjà dit Lamartine dans son plus magnifique langage. Je ne rappellerai pas ici le *Palissy* de M. Louis Audiat, ouvrage en quelque sorte classique, mais j'annoncerai la publication prochaine d'un ouvrage sur le même sujet — sujet si riche qu'il est inépuisable — par un compatriote qui écrit aussi bien en vers qu'en prose, l'auteur des *Parques* et de *Victor Hugo*, M. Ernest Dupuy (de Lectoure), inspecteur de l'Académie de Paris. Ce que j'ai lu de son manuscrit me permet de déclarer que le jour où paraîtra le livre sera un jour de fête pour la république des lettres.

dis-je ? — un aussi incomparable phénix ? En échange
d'une simple paginette de l'auteur des *Discours admirables* — le titre est bien trouvé ! — j'aurais presque été tenté de sacrifier mon butin tout entier, et
d'imiter cette grande dame du siècle dernier qui,
dans un accès de trop exclusif désespoir, s'écriait :
« Mon Dieu, rendez-moi ma fille et prenez, si vous
voulez, tout le reste de ma famille ! ¹ »

A défaut des pièces que je me résigne si difficile-
ment à ne pouvoir leur offrir, les lecteurs trouveront
dans le présent recueil plus d'une cinquantaine de
documents d'importance inégale, mais qui tous, ce
me semble, présentent quelque intérêt.

En voici la liste par ordre chronologique :

1° Cinq lettres (1578-1606) de Joseph Scaliger,
l'incontestable roi de l'érudition européenne au xvi°
siècle. lettres qui complètent le recueil spécial que
j'ai consacré, en 1881, à celui que je ne craindrais
pas d'appeler le plus illustre de mes compatriotes, si
la gloire de Bernard Palissy, artiste, écrivain et savant à la fois, ne rivalisait avec la sienne et si, tout
considéré, on n'avait pas à saluer avec le même enthousiasme ces deux étoiles de première grandeur ;

2° Trois lettres (1583) d'un diplomate qui fut un

---

¹ On connaît par le récit de Voltaire, si souvent répété, la vive
et spirituelle saillie du beau-frère de celle que l'on plaignait tant :
« Madame, les gendres en sont-ils ? » Le mot, dit avec grand
sang-froid, fit rire toute l'assistance, fit même ' sourire, assure-
t-on, la pauvre mère au milieu de ses larmes et de sa désolation

des plus habiles et des plus dévoués collaborateurs
du roi Henri IV dans sa grande œuvre de pacification
et de réorganisation de la France, Jean-Jacques de
Ségur, seigneur et baron de Pardaillan, Seyches, etc.,
personnage qui, malgré le grand rôle qu'il joua au
milieu des plus graves affaires de son temps, a été
oublié dans tous nos dictionnaires historiques [1], et
qui, selon toute vraisemblance, naquit au château de
Pardaillan (canton de Duras), la branche de l'anti-
que maison à laquelle il appartenait ayant été beaucoup plus agenaise que périgourdine [2];

3° Trois lettres (1630-1653) d'un des premiers

---

[1] Même dans le meilleur de tous, celui de M. Ludovic Lalanne.
On trouve fréquemment le nom de Ségur-Pardaillan parmi les
Lettres missives d'Henri IV, prince qui le chargea de diverses mis-
sions auprès de presque toutes les cours d'Europe. M. Charles
Joret, professeur à la Faculté des lettres d'Aix et correspondant
de l'Institut, a donné d'intéressantes indications sur les négocia-
tions du représentant du roi de Navarre avec le duc Auguste de
Saxe, le duc Jules de Brunswick, le landgrave Guillaume de
Hesse, etc. (*Rapport sur une mission en Allemagne*, Paris, E. Le-
roux, 1889, in-8o, p. 5-6.)

[2] M. le comte de Saint-Saud, qui fait d'aussi heureuses décou-
vertes dans les archives du Sud-Ouest que ses excursions et
ascensions pyrénéennes, prépare une notice généalogique sur la
maison de Ségur, notice qui, d'après ce que j'en ai vu, sera bien
supérieure à celle qui a été insérée par Courcelle dans l'*Histoire
des Pairs de France*. Mon aimable confrère a eu la générosité de
me communiquer des renseignements entièrement nouveaux sur
le père et la mère du diplomate, mais je veux lui laisser le plaisir d'offrir au public ces renseignements dans toute leur primeur
et je me contenterai de renvoyer à sa consciencieuse et savante
publication.

membres de l'Académie française, Jean de Silhon, dont M. René Kerviler s'est occupé dans une excellente notice publiée jadis par la *Revue de Gascogne*, mais qui, soit comme homme politique, soit comme homme de lettres, mériterait une étude plus complète et pour laquelle ce ne serait pas trop de tout un volume [1] ;

4° Deux lettres (1636-1637) du docteur Jacques de la Ferrière, médecin de l'archevêque de Lyon, le cardinal Alphonse de Richelieu, et naturaliste fort curieux, un des correspondants favoris de Peiresc, lequel tenait son caractère et son talent en très haute estime et en a laissé de notables témoignages, soit en lui écrivant, soit en écrivant à des amis communs [2] ;

5° Une seule lettre (1636) de Pierre Dupuy, le savant garde de la Bibliothèque du Roi, celui que le président de Thou s'amusait à appeler le *petit gascon*

---

[1] Amené à m'occuper de J. de Silhon en préparant l'édition des *Lettres de Guez de Balzac* (1873) et surtout celle des *Lettres de Jean Chapelain* (1880-82) dans la *Collection des documents inédits*, j'avais extrait de ses œuvres, trop peu lues aujourd'hui, une assez grande quantité de passages remarquables que j'avais eu l'intention de faire paraître, avec ample commentaire, en un fascicule de la *Collection méridionale*, sous le titre de *Silhonana*. Ce petit recueil aurait montré en Silhon un penseur d'un ordre très élevé et un écrivain souvent élégant, parfois même éloquent.

[2] J. de La Ferrière était-il un enfant de la ville même d'Agen ? Tout ce que nous savons de son origine, Gassendi nous l'apprend en ces termes, à propos d'une visite du docteur à Peiresc (*De vita Peireskii*, lib. v, à l'année 1637) : « Cum jucundissimum habuit excipere, foverequе egregium virum Jacobum Ferrerium *Aginnensem* medicum. »

par allusion à sa naissance accidentelle en la ville
d'Agen [1], lettre que j'aurais facilement pu accompagner de beaucoup d'autres, mais j'ai pensé qu'un
échantillon suffirait pour représenter dans mon recueil un des plus zélés et des meilleurs travailleurs
du xvii⁰ siècle, tant d'autres pages de la correspondance de cet agenais d'occasion ayant déjà vu le jour
ou devant bientôt le voir [2] ;

6° Six lettres (1638-1648) de Claude Sarrau, le
docte conseiller au parlement de Rouen, puis au parlement de Paris, dont je me suis jadis occupé dans
une plaquette spéciale [3], et dont M. le vicomte Au-

[1] *Lettres inédites de Jacques-Auguste de Thou* publiées pour la
Société des bibliophiles françois par Paulin Paris, p. 19.
[2] J'ai mis plus d'une cinquantaine de lettres de Pierre Dupuy et
de ses frères Christophe et Jacques à l'*Appendice* de chacun des
trois premiers volumes de la correspondance de Peiresc (1888-
1892). Un de mes plus vaillants émules, M. L. G. Pélissier, a
inséré plusieurs lettres des doctes frères dans le fascicule ii de sa
précieuse collection : *les amis d'Holstenius*, sous intitulé : *les frères
Dupuy* (Rome, 1887). Voir, en outre, sur les Dupuy, un ouvrage
qu'il faut toujours citer en première ligne, le *Cabinet des manuscrits*, par M. Léopold Delisle, la thèse pour le doctorat de M. Isaac
Uri (*un cercle savant au xvii⁰ siècle*, 1886), etc.
[3] *Une lettre inédite de Claude Sarrau*, (Bordeaux, 1866, brochure
grand in-8° de 15 pages). Comme il n'est jamais trop tard pour se
corriger, je dirai après plus d'un quart de siècle, que je m'accuse
de n'avoir pas reconnu dans ladite lettre (p. 13) le nom (mal lu
et, par conséquent, mal reproduit) d'Hub t Languet. C'est à mon
savant ami, M. Léonce Couture, que je dois une rectification que
j'aurais d'autant mieux dû faire moi-même, que je possédais parmi
mes livres la monographie du célèbre publiciste par Henri Che-
vreul (*ex dono auctoris*).

rélien de Sarrau s'occupera d'une façon approfondie
dans l'ouvrage qu'il prépare sur l'histoire de ses
aïeux [1], lesquels semblent avoir été héréditairement
voués au culte des lettres et parmi lesquels on compte
deux des fondateurs de l'Académie de Bordeaux ;

7° Une lettre (1647) de cet original qui s'appelait
Pierre de Rangouze ; encore n'oserais-je pas la présen-
ter comme inédite, car, étant donné le système
adopté par le famélique épistolier, on n'est jamais
sûr de rien, telle lettre ultra-laudative, sorte de lettre... de change tirée sur la vanité des gens du
monde, pouvant manquer à plusieurs exemplaires de
ses recueils et se trouver insérée dans un exemplaire
particulier [2] ;

_____

[1] Madame la comtesse Marie de Raymond, qui m'avait confié ses
notes sur les Sarrau, revint sur ce sujet dans les dernières années
de sa trop courte vie et a laissé dans le fonds qui, aux Archives
départementales d'Agen, porte son nom, une notice généalogique
très détaillée, car on n'y compte pas moins de 57 pages (registre
autographe no 9).

[2] Deux bibliophiles très distingués, M. Adolphe Magen et feu
le docteur Desbarreaux-Bernard ont, à vingt ans de distance, écrit
chacun de piquantes notices sur Rangouze. Le second de ces
spirituels critiques avait le projet de s'occuper de nouveau de celui
que M. Magen a si bien surnommé *un trafiquant littéraire* ; il voulait donner une bibliographie minutieusement complète de tout
le fatras épistolaire de Rangouze. Je lui avais fourni la liste des
morceaux contenus dans divers exemplaires (dont un fait partie
de ma collection) : il se proposait d'établir par lui-même, ou par
l'intermédiaire d'autres chercheurs, de nouvelles listes et de
classer ensuite tous les documents fournis par la plus soigneuse
vérification. La maladie, puis la mort vinrent couper court aux
projets du vénérable érudit.

8° Trois lettres (1655-1672) du maréchal de France le comte Godefroy d'Estrades, lesquelles sont à rapprocher de toutes celles qui, émanées du futur maire de Bordeaux, ont été publiées par mes soins dans plusieurs volumes des *Archives historiques du département de la Gironde*, ou dans le tome III de la *Collection méridionale*, à la suite de la *Relation inédite de la défense de Dunkerque* (1651-1652) écrite par le héros lui-même (Bordeaux, 1872, p. 59-98 [1]);

9° Douze lettres (1659-1665) de François Combefis, le dominicain marmandais qui fut un des premiers hellénistes de son époque et dont j'ai raconté la laborieuse vie et loué les magistrales publications dans la *Notice sur la ville de Marmande* (1872, grand in-8⁰, p. 92-95);

10° Une lettre (1669) de Jean Claude, le grand controversiste, le puissant orateur qui, seul de son parti, fut jugé capable de se mesurer avec un adversaire tel que l'incomparable Bossuet, document d'autant plus digne d'attention que les autographes de l'auteur des *Plaintes des protestans* sont très rares en France, comme le déclare Henri Bordier dont on trouvera le témoignage plus loin [2]);

----

[1] Voir (*Appendice*, n° 1) une lettre du père du maréchal (d'un intérêt purement agenais) et une lettre du frère du même maréchal, le futur évêque de Condom.

[2] Mon cher oncle et parrain, le général Jacques-Philippe Delmas de Grammont, né, comme Claude, à la Sauvetat-sur-Dropt, m'a

11° Une grande lettre et un petit billet (date indé-
terminée, mais antérieure à 1672) écrits par Léon
Bacoue, issu d'une ancienne famille protestante de
Casteljaloux, lequel, ayant abjuré la religion de ses
pères, se fit cordelier, fut nommé évêque de Glandèves, puis évêque de Pamiers [1]);

12° Une lettre (1681) d'André Cotherel qui, après
avoir été coreligionaire de Claude, devint son antago-
niste, et fut pensionné comme « ministre converti »
pendant que son ancien confrère, banni du royaume
après la révocation de l'Edit de Nantes, mangeait le
pain amer de l'exil avec un indomptable courage ;

13° Cinq lettres (1682) de l'abbé Jean-Jacques Boileau, une des meilleures plumes jansénistes du siècle
de Louis XIV, lettres qui paraîtront avec quelque
à-propos, car elles suivront de près la publication du
tome viii des *Mémoires du duc de Saint-Simon*,
où le très savant éditeur et commentateur, M. A. de
Boislisle, s'est occupé de l'ancien secrétaire du cardinal de Noailles, ainsi que de Catherine d'Almayrac,

---

raconté qu'il avait souvent entendu dire, dans sa jeunesse, que les
descendants de son compatriote possédaient, parmi leurs vieux
papiers, un certain nombre de lettres intimes écrites par le célèbre pasteur. Ce trésor serait-il à jamais perdu ?

[1] Cotherel avait été pasteur à Gontaud vers 1660. Son abjuration me rappelle que, dans la première moitié du même siècle, il
avait été devancé dans son évolution par un autre pasteur Gontau-
dais, Pompée de Remerville. Voir *Récit de la conversion d'un ministre
de Gontaud* (1629) publié d'après le seul exemplaire connu (Agen,
1884).

dite sœur Rose, la fameuse béate qui fut la Guyon de l'austère théologien et à laquelle il devait rester attaché toute sa vie et, pour ainsi dire, jusqu'à l'impénitence finale [1] ;

14° Un billet (de 1714) de Bernard Labénazie, d'abord chanoine de Saint-Caprais d'Agen, puis prieur de ce chapitre, annaliste imparfait sans doute, mais dont les manuscrits m'ont été trop utiles dans mes études sur les hommes et les villes de notre région, pour que je ne parle pas avec reconnaissance de cet intrépide défricheur du champ de l'histoire agenaise ;

15° Une lettre (1759) d'Antoine-Marie de Malvin, comte de Montazet, lieutenant-général des armées du Roi, gouverneur de Saint-Malo, grand-croix de l'ordre de Saint-Louis, etc., lettre qui est une importante page d'histoire, car le brillant officier, alors à Dresde, entretient son frère le chevalier de l'affaire de Pirna où les Prussiens se laissèrent surprendre et entourer — un mouvement tournant ! — par le maréchal Daun, raille avec une verve toute gasconne les fautes de Frédéric-le-Grand et de ses généraux favoris — et avec une vanité toute gasconne aussi — avouons-le — s'attribue une large part dans le gain de la bataille ;

16° Une lettre (1770) de Jacques de Romas, lieu-

Voir dans la *Revue critique* du 9 mai 1892 (p. 368-371) un juste éloge du beau travail de M. de Boislisle.

tenant assesseur au présidial de Nérac, correspondant
de l'Académie des Sciences, le véritable inventeur du
cerf-volant électrique, le grand physicien et le grand
sacrifié qui aurait si bien pu jeter à la tête de ceux
qui, affolés d'*américanisme*, appliquaient exclusive-
ment à Franklin le fameux hémistiche : *eripuit cœlo
fulmen*, cet autre hémistiche non moins fameux :
tulit alter honores ;

17° Deux lettres (1781) du frère du lieutenant-général, Antoine Malvin de Montazet, aumônier du Roi,
évêque d'Autun, puis archevêque de Lyon, membre
de l'Académie française, qui, s'il fallait en croire le
plus récent historien de l'illustre Compagnie,
M. Albert Roussel, aurait moins honoré en lui le
mérite littéraire que le mérite épiscopal [1] ;

18° Une lettre (1784) du comte de Lacépède, le
futur membre de l'Institut, le futur président du Sé-
nat, le futur grand-chancelier de la Légion d'honneur, etc., et de l'abbé Pierre Paganel, le futur mem-

---

[1] *Chronique des élections à l'Académie française* (Paris, Didot,
grand in-8o, p. 157). L'auteur ne dit rien de l'écrivain et de l'orateur et loue seulement les deux grandes qualités du prélat, « un
zèle religieux éclairé et une charité vraiment évangélique. » Je me
plaignais, un jour, à un des plus aimables confrères actuels de
Mgr de Montazet du dédaigneux silence ainsi gardé sur les titres
littéraires de mon arrière grand-oncle, et j'insistais sur l'éclatante réputation d'homme d'esprit dont cet intime ami du cardinal de Bernis avait toujours joui. « Oh ! de l'esprit !... » me ré-
pondit l'*immortel*, « cela ne compte pas. C'est la monnaie courante
en Gascogne. »

bre de la Convention nationale, lettre où le directeur
et le secrétaire de la Société littéraire d'Agen demandent à l'Intendant de la province de Guyenne des lettres patentes du Roi en faveur de la naissante compagnie [1], comme aujourd'hui nos sociétés savantes demandent à être officiellement classées parmi les
établissements d'utilité publique. Je suis heureux
d'apporter au Recueil des travaux de cette Société
une pièce qui peut servir à son histoire, et c'est avec
un sentiment en quelque sorte filial que j'offre cette
pièce, couronnement de ma petite publication, à une

---

[1] La première réunion de la Société est du 1er janvier 1776. Voir
l'*Introduction* du tome I du *Recueil* de ses travaux (Agen, 1804), la
très curieuse plaquette de M. Philippe Lauzun sur les *manuscrits
de la bibliothèque de Saint-Amans* (Agen, 1889), l'article *Société
d'agriculture, sciences et arts d'Agen* dans le tome III de la *Bibliographie générale de l'Agenais* (Agen, 1891, p. 159). Du reste, au
sujet des auteurs de toutes les lettres que l'on va lire (moins
celles de Ségur Pardaillan et de J. de La Ferrière), je renvoie mon
lecteur aux trois volumes de l'inappréciable ouvrage de M. Jules
Andrieu, ouvrage que j'ai eu tant de plaisir à louer dans les recueils périodiques du Sud-Ouest comme dans le *Polybiblion* et la
Revue critique, et auquel ont été donnés avec plus d'autorité,
sinon avec plus de sympathie, de si beaux éloges par des critiques tels que MM. Léonce Couture et Henri Stein. J'emprunte à
ce dernier qui, quoique jeune encore, est un maître en bibliographie, cette appréciation qui résume tout : « On ne saurait trop
recommander et louer la publication de M. Jules Andrieu. Ce
n'est d'ailleurs pas la première fois que nous mentionnons le nom
de cet auteur qui a bien mérité de la bibliographie. » (*Congrès
bibliographique international tenu à Paris en avril 1888, sous les auspices de la Société bibliographique. Compte-rendu des travaux*. Paris,
1889, vol. grand in 8o).

compagnie qui représente pour moi une des meilleures parts de ce doux pays natal que j'aime, semble-
t-il, de plus en plus à mesure que s'approche le moment de le quitter pour toujours.

PHILIPPE TAMIZEY DE LARROQUE.

Pavillon Peiresc, près Gontaud, 20 juin 1892.

LETTRES INÉDITES

DE

QUELQUES HOMMES CÉLÈBRES

DE L'AGENAIS

I

A Monsieur Monsieur le Contreroulleur de S. Marthe,
à Poictiers [1].

MONSIEUR,

Je vous envoie la lettre que j'ay escrit à Monsieur du Pui [2] touchant le proces de Monsieur l'Eschevin Razes [3]. Je ferai pour vous, et pour ceux qui seront avoués et recommandés de vous, tout ce qu'il vous plaira me commander. Je vous

---

[1] Ce contrôleur général des finances en Poitou, appelé souvent M. le trésorier de Sainte-Marthe, n'était rien moins que le très célèbre poète et érudit Scévole de Sainte-Marthe sur lequel on peut voir une longue note dans le *Recueil des lettres françaises* de Scaliger (p. 73). Le nom de ce grand ami de Scaliger se retrouve en plusieurs pages dudit recueil. J'ajouterai à ma note d'il y a onze ans que M. Genesteix a récemment publié à Poitiers, dans le *Bulletin* de la Société des Antiquaires de l'Ouest, une notice sur *Le logis de la famille Sainte-Marthe à Poitiers* (1890, p. 376.)

[2] Claude du Puy, le docte conseiller au parlement de Paris, un des plus actifs correspondants de Scaliger (avec Pierre Pithou et Jacques-Auguste de Thou). J'ai publié (p. 85-87 du volume de 1881) la lettre dont il est ici question.

[3] Sur ce membre de la municipalité de Poitiers et sur sa famille, voir une note de la page 87 du volume cité plus haut.

2

envoierai demain mon scazon, car il n'est poinct transcrit,
et Monsieur de la Vau l'aiant transcrit, vous l'envoiera [1],
vous priant tres affectueusement le vouloir illustrer de vostre version [2], car de lui mesmes je vous asseure qu'il ne
vault pas beaucoup [3]. Je vous attends en bonne devotion et
serés le tres bien venu envers Monsieur de la Roche [4], car il
l'a dict ainsi, et vous fera la meilleure chere qu'il lui sera
possible. Je vous baise bien humblement les mains priant
Dieu, Monsieur, vous donner en santé bonne et longue vie [5].

De Touffou [6], ce 19 juillet 1578 [7].

> (Autographe sans signature. Au dos de la lettre
> une main contemporaine a inscrit ces mots :
> M. de la Scala.)

[1] Sur François de Saint-Vertunien, sieur de Lavau, médecin,
helléniste, traducteur, etc., auquel nous sommes redevables du
premier *Scaligerana*, voir une note du recueil de 1881, laquelle occupe (moins deux lignes) toute la page 65. Le docteur F. de
Saint-Vertunien était le médecin de la famille de Chasteigner et
il vivait sous le même toit que Scaliger, ce qui lui permettait de
saisir au vol les propos de table et de promenade de son spirituel
autant qu'érudit commensal.

[2] C'était une pièce de vers grecs que l'auteur voulait voir tra-
duire en vers latins, par un des plus habiles latinistes du xvi⁰
siècle.

[3] Qui donc prétendait que Scaliger manquait un peu de modestie ?

[4] Abréviation pour la Roche-Pozay. Il s'agit là du frère de
Louis de Chasteigner, seigneur d'Abain, dévoué protecteur et ami
de Scaliger.

[5] Ces vœux furent exaucés, car Sainte-Marthe mourut à l'âge de
87 ans (20 mars 1623).

[6] Dans le recueil de 1881 de très nombreuses lettres sont datées
du château de Touffou, où Scaliger trouva si longtemps la plus
cordiale hospitalité (voir *passim* de la page 48 à la page 389).

[7] Bibliothèque nationale. Nouvelles acquisitions françaises 6209.

II

Au même.

MONSIEUR,

J'ay leu vos Eloges [1] avec un singulier contentement de voir que ces grands personnages vivent deux fois, une avec leurs escris, et l'autre par les vostres. Mais tout le contentement que j'y ai eu, je l'accompare au plaisir que les febricitans ont en beuvant, car tout ainsi qu'ils voudroyent que le verre où ils boivent fust plus grand, et plus comble d'eau, aussi je desirerois que vostre livre eust esté plus long, et ne m'eust laissé moitié content, et moitié altéré [2]. Mais si je ne me trompe, vous en mettrez encores d'avantage, comme Jo. Mercerus, le plus savant chrestien en hebrieu et Chaldée, qui jamais ait esté, voire au tesmoignage des juifz qui me l'ont faict tel, et je le sai sans eux mesmes [3]. Il estoit d'Usez,

---

[1] *Gallorum doctrina illustrium... elogia* (Poitiers, 1598). On voit que le livre ou, mieux, le livret, car c'est un très mince volume, ne fut mis aux mains du public que huit ans après son impression. Il arrivait souvent autrefois que les auteurs gardaient les bonnes feuilles de leurs ouvrages assez long temps et se contentaient de les communiquer à leurs amis. On n'imprimait, en ce cas, le titre du volume qu'au moment de le lancer dans la circulation.

[2] Je disais (p. 74 du *Recueil des lettres françaises*) que Sainte-Marthe, qui distribua tant d'éloges, en a aussi beaucoup reçu. Je doute qu'il en ait jamais reçu de plus agréablement et spirituellement tournés.

[3] Jean Mercier fut professeur d'hébreu au collège de France (1546). Si Sainte-Marthe avait eu le tort de l'oublier, tous nos dictionnaires biographiques ont, en revanche, un article sur lui, à commencer par le *Moréri*. Voir surtout, au sujet du grand hébraïsant, le livre, auquel il faut toujours renvoyer, de l'abbé Goujet sur le *Collège royal*.

et y est mort à la fin [1], et a esté versé fort bien en droict,
qui estoit son premier estude, comme tesmoigne Harmeno-
polus [2], grec, tourné par luy; Petrus Gillius albigeois, qui a
esté un des plus doctes de nostre siècle [3]; Orontius Finœus [4].
Vous en trouverés encores beaucoup, lesquels je vous prie
n'oublier. Et je m'asseure que nostre bon et docte amy,
M. d'Emery [5] trouvera bon ce petit livre, car c'est une partie de l'histoire laquelle les doctes doivent savoir [6]. Par ce
on ne sauroit assés louer Suetonius Tranquillus qui nous a
laissé ces deux gentils livretz *de claris grammaticis, rheto-
ribus*, mais nous avons perdu ses poëtes. S. Hierosme en a
faict de mesmes des Ecclesiastiques; Eunapius et Philostra-
tus des Rhetoriciens grecs. Vous avez encores assez pour

[1] Mercier mourut dans sa ville natale en 1570.

[2] Sur Constantin Harmenopule, le jurisconsulte de Constantino-
ple au xiv⁰ siècle, voir une note des *Lettres françaises* de Scaliger,
p. 18.

[3] Sur Pierre Gilles, né à Albi en 1490, mort à Rome en 1555,
triplement recommandable comme philologue, comme naturaliste,
et comme voyageur, un des protégés du cardinal Georges d'Arma-
gnac, voir, dans le tome v de la *Collection méridionale* (Bordeaux,
1874), une note de l'*Introduction* aux lettres de ce prince de
l'Eglise, p. 6. Sainte-Marthe tint compte des judicieux avis de son
correspondant, car Pierre Gilles a obtenu un article dans les *Elogia*.

[4] Oronce Finé, astronome, mathématicien, géographe, né à Be-
sançon en 1494, mort à Paris le 6 octobre 1555. Voir sur lui,
comme sur tous les personnages énumérés dans le curieux petit
chapitre littéraire écrit au vol de la plume par l'admirable critique, le commode recueil où Teissier a réuni tant d'indications
autour des notices biographiques extraites de l'*Histoire* de Jacques-
Auguste de Thou.

[5] Le futur président de Thou qui était sieur d'Emery.

[6] Le grand historien a fort utilisé le *petit livre* de son ami S. de
Sainte-Marthe.

augmenter vostre livre, *Et beatos illos, qui laudantur à laudato viro* [1], mesmement d'un style si net, si gentil, et si sobre. Je suis icy sans livres aucuns, ayant mis tous les miens dedans des barriques [2]. Mais sur tout je trouve a dire mon proumenoir d'Abain [3] car le chasteau de Pruilli *sunt compedes aureæ* [4]. Jamais de ma vie je ne me meslay de faire le Prophete, mais je ne say quel enthusiasme me tient que je ne demeureray si longtemps à vous voir que j'ay faict ; *sunt aliqui, qui nos numen habere putant*. Je parle en poëte comme celluy la, et non en Prophete. Quand il plaira à Dieu d'accomplir vostre *vaticinium* ou plustost desir, je le prie que ce soit à sa gloire et au chastiment des meschans. Je suis vostre tres ancien et tres loial amy, ne cedant à home qui que ce soit en bonne volonté envers vous et respect de vostre probité et bon sçavoir. Je vous supplie de me continuer en vos bonnes graces comme je m'asseure qu'avez faict jusques aujourd'huy. Le seigneur et dame de ce lieu vous saluent [5].

Ce xxii de juillet 1590.

Vostre ancien serviteur et amy,

Joseph de La Scala [6].

---

[1] Sainte-Marthe dut, à son tour, appliquer à celui qui le louait avec tant d'autorité la fameuse phrase de Cicéron.

[2] C'était ce qu'on pouvait appeler une bibliothèque roulante.

[3] La terre d'Abain, près Mirebeau, offrait un séjour plus champêtre, plus tranquille que celle de Preuilly. Les deux châteaux poitevins sont fréquemment mentionnés dans les *Lettres françaises* de Scaliger.

[4] Des chaînes dorées (littéralement des entraves).

[5] François de Chasteigner, seigneur de la Roche-Posay, de Touffou, de Preuilly, etc., avait épousé Louise de Laval.

[6] Bibliothèque nationale, nouv. acq. fr. 6209. Copie.

III

Au même.

MONSIEUR,

S'il y a quelque particularité que je sache touchant les hommes signalés de vostre catalogue[1], je ne fauldrai à vous en donner advis selon qu'il m'en souviendra, mesmement si vous en avez laissé quelcun, comme maintenant il me souvient qu'en avez laissé un des plus doctes ès langue et antiquité romaine de nostre aage, Claudius Mitallerius, lieutenant de Vienne[2]. Je vous en dirai autre fois[3] quelque chose; seulement croyez que ç'a esté un très grand homme[4]. Il fault aussi mettre Lud. Duretus, que vous avez obmis, car il a esté grand en sa charge[5]. Les s^r et dame de ceans vous bai-

---

[1] Le catalogue, la liste des personnages sur lesquels Sainte-Marthe demandait, pour l'amélioration et l'enrichissement de ses *Elogia*, le secours de Scaliger.

[2] Sur Claude Mitallier, fils d'un autre Claude qui lui aussi était un érudit, car il correspondait en latin et en grec avec Cujas, voir la *Biographie du Dauphiné*, par Rochas, tome II, p. 147-8.

[3] *Pour une autre fois.*

[4] *Ce très grand homme* a été oublié dans nos grands recueils biographiques (Moréri, Bayle, Michaud, Didot). Ce que c'est de n'être qu'un érudit de province!

[5] Sur Louis Duret, né en 1527, médecin de Charles IX et de Henri III, professeur au collège royal en 1568, mort à Paris en 1586, voir deux notes des *Lettres françaises* (p. 74, 146.) Ici Scaliger fait une sorte d'amende honorable, car dans une lettre à Claude Du Puy, du 10 mars 1578, il avait écrit ceci à propos de « mestre Louis Duret » et d'Hippocrate : « ceste pouvre beste se vante en pleine chaise [la chaire du collège de France] que je lui ai derrobbé ses corrections. Et Dieu sait, si je vouloie estre larron, si je ne mettroie pas la main en meilleure bourse, qu'en celle-là. »

sent les mains, comme aussi je vous fais. Excusés, s'il vous
plaist, se je ne puis faire plus longue lestre.

De Pruilli, ce xII aoust 1590.

Vostre affectionné serviteur et ancien amy,

Joseph DE LA SCALA [1].

IV

*A Monsieur Monsieur de S. Marthe, conseiller du roi, the-
sorier de France en la generalité de Poictou establie à
Poitiers,*
                                                    A Poitiers.
MONSIEUR,

J'ai receu vostre livre [2] avec vostre lettre, dont je vous
remercie très humblement. Monsieur Gillot [3] m'en avoit en-

J'avais cru devoir protester ainsi en 1881, contre le terrible coup
de boutoir de mon héros : « Aux injures de Scaliger, que l'on retrouve encore dans le *Prima Scaligerana* (p. 83), on peut opposer
l'éloge que Sainte-Marthe fait de Duret. » Comme cet éloge, d'a-
près la présente lettre, fut demandé à Sainte-Marthe par Scaliger
lui-même, l'ombre de Duret a reçu pleine satisfaction et doit être
entièrement apaisée.

[1] Bibliothèque Nationale, nouv. acq. fr. 6,209. On lit au dos
cette note qui s'applique à la lettre précédente et à celle-ci : « Coppie de deux lettres [que] monsieur de l'Escale [a es] crites à Monsʳ
de [Ste] Marthe, trésorier de France, 1590. »

[2] La seconde édition (augmentée) du traité : *Gallorum doctrina
illustrium* (Poitiers, 1602, petit in-4e).

[3] Jacques Gillot, conseiller au Parlement de Paris, mourut en
cette ville (janvier 1619). Ce fut l'ami et le correspondant de Sainte
Marthe, comme de Scaliger. Gillot, à la fois prosateur et poète,
collabora au *Tumulus* du premier président Christophe de Thou
(1583), à la *Satire Menippée* (1593), etc.

voié un, mais sa beaulté me le feit perdre. Car le seigneur
de Nordwik [1] le voulut avoir. Touts les exemplaires qu'on a
apporté en ceste ville furent sur le champ touts emportés,
tellement qu'il n'y avoit poinct asses de marchandise pour
tant d'achepteurs Ce qui a faict que plusieurs ont voulu avoir
ce livre avant que de l'avoir leu. Ce n'est pas seulement les
personnages qui font le sujet du livre, ains la belle et inimi-
table elegie qui est apposée à l'entrée de ce beau palais [2]. Et
certes le sieur de Nordwick fust si ravi de la lecture d'icelle,
qu'il me contraignit de lui bailler le livre avant que je le
peusse lire. Quant à Christophe Longolius, les Hollandois et
ledit de Nordwik disent estre Hollandois, natif d'une petite
jollie ville nommée Schoonhoven, qui est à dire « Beau jardin, » située sur un gros bras du Rein nommé Leck. Il sera
bon en la segonde edition [3] d'adjouster ce petit mot, d'autant
qu'il est incertain d'où il estoit. Au reste, je loue Dieu qu'il
lui a pleu de vous delivrer de ceste perilleuse maladie qui
vous a suivi après vostre charge de maire de Poitiers [4]. Vous

---

[1] Sur Jean Douza, seigneur de Nordwic, voir les *Lettres françaises de J. Scaliger*, pp. 295, 315, etc.

[2] Christophe de Longueil, né à Malines en 1490, mourut en 1522
à Padoue ; il avait été professeur de droit à Poitiers avant d'être
conseiller au Parlement de Paris. Cet érudit a laissé, outre un recueil de lettres latines imprimé deux ans après sa mort (1524, in-4°)
divers discours et panégyriques dont le *Manuel du Libraire* donne
la liste (t. III, p. 1153, 1154.

[3] Scaliger oubliait-il que l'édition de 1602 est la seconde ? Ou
ne regardait-il celle de 1598 que comme un essai imparfait qui
n'entrait pas en ligne de compte ?

[4] Il faut féliciter la ville de Poitiers d'avoir eu un maire tel que
S. de Sainte-Marthe, comme il faut féliciter Bordeaux d'avoir en
un maire tel que Michel de Montaigne ; je me reprends pour dire:
des maires tels que Michel de Montaigne et le maréchal d'Estrades.

faictes besoin à ceste ville, et espère que vous y serés em-
ploié à meilleures enseignes et à plus heureuse fin. Ce que
je prie Dieu ottroyer à nos prières et qu'il lui plaise, Monsieur, vous maintenir en sa saincte grâce.

De Leyden en Holland, ce ix mars 1603.

Vostre serviteur et le plus ancien de vos amis.

JOSEPH DELLA SCALA[1].

V

A Monsieur de La Vau.

Monsieur mon compère, je ne vous puis entretenir de long
propos, d'autant qu'il n'y a guieres que je vous ai escrit et à
Madame d'Abain[2]. Voiant la commodité du present porteur
qui des à ceste heure doit partir, je n'ai voulu faillir à lui
bailler ce petit mot pour vous asseurer de ma santé la grace
à Dieu ; de quoi touts mes bons amis et les gens de bien
sont plus aises que les Loiolites, qui vouldroient m'oster la
vie s'ils pouvoient[3]. Ils ont escrit de grandes villaiuies de

---

[1] Pièce autographe restituée à la Bibliothèque de l'Institut, le
5 mai 1892, et dont copie m'a été envoyée avec le plus affectueux
et le plus délicat empressement par M. Léopold Delisle.

[2] Madame d'Abain était Claude du Puy. Sa mère appartenait à
la famille de Raffin (en Agenais) dout mon cher confrère et ami
M. Joseph Beaune nous donnera bientôt une ample généalogie
dressée sur documents inédits. Voir sur la femme de Louis de
Chasteigner une note des Lettres françaises de J. Scaliger, pages
47, 48.

[3] Comment un homme d'autant d'esprit que Scaliger pouvait-
il tomber dans d'aussi ridicules exagérations ? Du reste, n'a-t-on
pas vu deux autres hommes infiniment spirituels, le docteur Guy

touts les hommes d'honneur, entre lesquels ils n'ont pas
oublié mon père qu'ils ont imaginé avoir esté cordelier sur
ceste conjecture qu'il avoir estudié en Scotus. Ne voilà pas
[pour : ne voilà-t-il pas ?] un jugement digne des apostres de
Loiola. De moy, de mon¹ Casaubon, de monsieur le president
de Thou, ils ont dit tant de villenies qu'une putain¹ auroit honte de les avoir pensées, non que proferées. Et on
honore tels apostres ? Avant qu'ils fussent revoqués en
France, ils ont escrit un si vilain, si infame, si detestable
livre contre le Roy à present regnant, que le Diable mesme
n'en pourroit avoir excogité un semblable². Il y a un fol
revolté Alleman à Rome, qui a escrit un livre contre mon
Epistre de Gente Scaligerorum³, sans avoir jamais eu l'occa-

Patin, et, de notre temps, M. Villemain, éprouver la même injuste
haine, les mêmes vaines frayeurs ? Ce dernier était obsédé à tel
point par le spectre du Jésuitisme, que cela finit par devenir de
l'hallucination.

¹ L'énergique expression a souvent été employée par Scaliger,
notamment dans cette phrase (p. 145 du recueil des Lettres françaises) au sujet des véhémentes attaques de François de l'Isle :
« C'est la coutume que les putains mesdisent des femmes de
bien. » On sait, du reste, que dans la langue du xvi° siècle, et
même dans celle du xvii° (voir la correspondance de l'honnête
Peiresc avec les frères Dupuy, tome i, p. 204), ce terme « gros-
sier » comme l'appelle Littré, était employé sans la moindre difficulté.

² Si la modération manque à cette lettre, la verve certes n'y
manque pas et l'on voit que dans les veines de Scaliger, âgé de
66 ans, bouillonnait encore bien chaud un sang italo-gascon.

³ Il s'agit ici du libelle de Scioppius (Gaspard Schopp): Scaliger
hypobolymæus, où fut si vigoureusement démoli l'échafaudage
généalogique, aussi fragile qu'orgueilleux, élevé au mépris de
l'histoire et même de la vraisemblance, dans l'Epistola de vetustate
et splendore gentis Scaligeræ (Leyde, 1594, in-4°). Voir sur l'ardente
querelle soulevée par les prétentions ultra-nobiliaires d'un simple

sion de se plaindre de moi. Vous pourres voir par leurs
escrits combien ils sont en fievre chaulde de l'honneur
qu'on porte à la memoire de feu mon père, et à moi, combien que je ne le merite point. Somme toute ils m'en
veulent non pour autre chose, sinon parceque je suis
dissemblable à eux.

Il y a longtemps que j'ay escrit à monsieur le Thesorier
[en note *Scevole de Sainte-Marthe*, d'une autre écriture] et
remercié de l'excellent éloge qu'il a fait de mon père. Il est
bien raisonable que celui qui est loué d'un si louable homme,
soit vituperé de la plus meschante canaille que le Diable sus-
cita jamais au genre humain. Je lui baise tres humblement
les mains et à vous aussi, à toute vostre famille et noz anciens amis, s'il y en quelcun de reste et qui ne soit point
pestiferé de l'epidimie des Onanites. Je prierai Dieu,

Monsieur mon compère, vous maintenir en sa garde.

De Leyde, ce 21 septembre 1606.

Vostre très affectionné à vous servir,

Joseph DELLA SCALA[1].

---

bourgeois — un bourgeois de génie ! — pour ne citer que des
ouvrages de notre temps — les *Gladiateurs de la république des lettres*, par Charles Nisard, les *Documents sur Jules César Scaliger et sa
famille*, par M. Adolphe Magen, les *Lettres françaises de Joseph
Scaliger*, etc.

[1] Bibliothèque nationale, nouv. acq. fr. 3625, f° 25. Autographe. J'ai donné à la fin du recueil de 1881 une *liste des Lettres
françaises* de Scaliger qui avaient été déjà imprimées. Depuis la
publication de mon volume, M. Aurélien Vivie, de l'Académie de
Bordeaux, a inséré dans *Le Courrier de la Gironde*, du 26 janvier
1886, une lettre du 12 juin 1595, adressée à un magistrat d'Agen,
du nom de Nargassier, et reproduite par mes soins dans la *Revue
de Gascogne* d'avril 1886.

VI.

*A Monsieur de Noailles, évêque de Dax, conseiller du Roy
en ses conseils privé et d'Estat [1].*

MONSIEUR,

J'ay reseu vos deux lettres du vi et vii de ce mois et vous
diray que nous vous envoyons les ratifications des contrats
que Messieurs de Sorgnis et de Ravignan [2] ont passé avecq
vous pour les terres d'Ayen et de Larche [3], et aussi les deux
promesses qu'avez desirées, mais monsieur le chancellier [4]
n'est pas icy estant allé à Pujols [5] fere la diete [6]. Au reste

---

[1] Sur l'éminent diplomate François de Noailles je citerai mon
recueil de lettres inédites de ce prélat, où j'ai réuni (*introduction*)
le plus de renseignements biographiques qu'il m'a été possible
de trouver (Auch, 1865, grand in-8°).

[2] Si Sorgnis m'est inconnu, Ravignan, au contraire, a été souvent rencontré par moi dans mes courses à travers livres et manuscrits. C'était un des meilleurs des serviteurs du roi de Navarre
et le premier président de son conseil. Je me contenterai de citer
sur lui une note de la page 213 du tome Iᵉʳ des *Lettres missives de
Henri IV*, recueil où il est souvent mentionné.

[3] Ayen et Larche étaient deux des principales seigneuries des
Noailles, en Limousin. Henri de Noailles, neveu de l'évêque de
Dax, devint comte d'Ayen quelques années plus tard (érection de
mars 1593). On trouve dans le tome viii des *Lettres missives*
(p. 264) une lettre du roi de Navarre *A Monsʳ d'Aqs* (du 18 avril
1581) où il est question à la fois de « la terre d'Ayen » et du
« sieur de Segur. »

[4] Ce chancelier était Louis du Faur, seigneur de Glatteins et de
Pujols, frère de Pibrac.

[5] Sur cette ville il faudra désormais citer la monographie de
M. l'abbé Gerbaud : *Essai historique sur la baronnie de Pujols, en
Agenais* (Agen, 1891, si bien appréciée par M. Ad. Magen, dans la
Revue de l'Agenais (même année).

[6] Diète matérielle, mais aussi, sans doute, diète intellectuelle, le

si vous ne venez le roy de Navarre le vous reprochera. Vous debvez plus aymer le service de ce prince et le bien de cet estat que voz nepveuz [1]. Monsieur de Chastillon nous doit envoyer le mulet qui vous a esté promis [2]. Je ne say s'il sera icy assez tost. Vous pouvez cependant fere estat que je suis à vostre service aultant que vous scauriez desirer, priant Dieu après m'estre bien humblement recommandé à vos bonnes graces vous donner

Monsieur tres heureuse et tres longue vie.

A Nerac le 12 apvril 1583

[De la main même de Ségur] : Monsieur de Saint-Martin [3] vous dira de nos nouvelles, et que le roy de Navarre est tres disposé au bien, et fera tout ce qu'on voudra [4]. Ledit

---

chancelier, accablé sous le poids des affaires de la petite, mais très active cour de Nérac, devant aimer à venir goûter un doux repos à la campagne, nul, comme on l'a dit plaisamment, n'étant plus affamé de verdure qu'un homme d'Etat.

[1] Pourquoi cette accusation de népotisme ? L'évêque de Dax croyait-il la protection du roi de France plus avantageuse à son neveu Henri de Noailles que celle du roi de Navarre et inclinait-il plus vers le Louvre que vers le château de Nérac ?

[2] Le fils de l'amiral Gaspard de Coligny est bien connu, mais le mulet reste mystérieux. On voudrait savoir si le quadrupède était un cadeau destiné à séduire le prélat, à le rapprocher du roi de Navarre.

[3] J'hésite entre trois personnes (*Que vouliez-vous qu'il fît entre trois ?*) : Saint-Martin, capitaine des gardes du roi de Navarre, Saint-Martin, courrier du même prince, Saint-Martin, sénéchal des Landes. C'est surtout en matière d'identification que, dans le vague et le doute, il faut s'abstenir.

[4] Ce mot peint bien le caractère conciliant de notre bon roi Henri, toujours prêt aux accommodements, aux transactions, et qui, large esprit, cœur ouvert, triompha de toutes les difficultés à force de raison et de modération.

sieur de Saint-Martin est un homme de bien. Je voudrois de bon cœur qu'on se voulut servir de telles gens.

Vostre plus obeissant cousin à vous faire service [1].

SÉGUR PARDEILHAN [2].

VII.

A Bernard de Girard, sieur du Haillan [3].

Monsieur parceque le maulvais temps que j'ay eu me venant icy m'a retenu longuement en chemin oultre beaucoup de dangiers que j'ay passés, je ne vous ay peu plus tost escripre qu'à ceste heure que je vous advise que je suis arrivé en bonne santé et bien receu de la Royne d'Angleterre [4], que j'ay occasion d'esperer bonne responce laquelle je vous assure ne peult aporter aucun mal qu'aux meschans et à ceux qui nous en voudroient faire, et vous pouvez assurer mes amis qui pourroient doubter de ma negociation qu'ayant

---

[1] Je n'ai pu établir l'origine de la parenté des Noailles et des Ségur, même avec le concours d'un spécialiste tel que M de Saint-Saud qui, comme je l'ai dit dans une note de l'*Avertissement*, travaille de tout son zèle à une grande notice généalogique sur la maison de Ségur.

[2] Bibliothèque nationale, fonds français. La perte d'un fragment de ma copie ne me permet d'indiquer ni le numéro du volume, ni le numéro de la page.

[3] L'historien bordelais qui mériterait tant d'être l'objet d'une étude bien faite.

[4] La reine Elisabeth. On voit dans le Recueil des *Lettres missives* (t. II, p. 19) que l'ambassadeur du roi de Navarre fut très apprécié de cette princesse.

tant servy à la paix je n'ay garde d'aler au contraire, et
j'aymerois mieulx mourir que cela m'arrivast. Je vous prie,
tenez moy tousjours aux bones graces de Monsieur le Mareschal de Matignon [1], auquel je suis aultant serviteur que
de segneur du monde. Assures aussy Monsieur dAq [2] (*sic*)
de mon service et advertissez de mes nouvelles et pour vostre regard assures vous que n'aves amy au monde duquel
vous puissies faire plus d'estat que de moy en ce que j'auray
matière de vous servir, priant Dieu après m'estre recommandé à vos bonnes graces vous donner

Monsieur, tres heureuse et longue vie.

A Londres, ce dernier de septembre 1583.

Vostre tres affectionné amy à vous faire service,

SEGUR PARDEILHAN [3].

VIII.

A *Bernard de Girard, sieur du Haillan.*

Monsieur, despuis vous avoir escript de mon arrivée en
ce pais, j'ay heu responce de la Royne d'Angleterre telle que
j'eusse peu desirer avec laquelle je m'en vais en Alemagne
en une saison si propre (pour le pais) que je vous laisse à
penser si sera sans incomodité. Si est-ce que par ce que
j'espére que ma negociation servira aux gens de bien, et

---

[1] On sait que Matignon avait remplacé le maréchal de Biron
comme lieutenant général du roi de Navarre en Guienne.

[2] François de Noailles, déjà nommé dans la lettre précédente.

[3] Bibliothèque nationale, Fr. 20, 480, f° 145.

que par icelle je pourray trouver moien d'arrester le cours
de la fortune du Roi d'Espagne qui nous doibt estre d'aultant plus suspecte que nous le voyons desireux de l'accrois-
tre aux despens de ses voisins, je n'y plaindray poinct la
peyne que je y prendray, mais pour une si bonne chose l'es-
timeray très doulce et bien employée, et fault que je vous
die que si les catholiques ne veulent penser à s'opposer à
la grandeur et ambition de ce prince, ce sera eulx mesmes
qui premiers s'en pourront repentir[1], ce que je vous escriptz
affin que vous en faciés proffict, vous priant cependant de
m'entretenir aux bonnes grâces de Monsieur le Mareschal
de Matignon et de M. Dac les assurant avec toutz ceulz de
mes amis qui pourroient doulter de mon affection, de la
sincerité et rondeur d'icelle[2] et vous n'obligerés jamais
personne qui de meilleur cueur s'emploie à vous servir,
priant Dieu, après m'estre recommandé humblement à vostre bonne grâce, vous donner,

Monsieur, très heureuse et longue vie.

A Londres, le xve octobre 1583.

Vostre très affectionné amy à vous faire service,

SEGUR PARDAILHAN [3].

___

[1] Toute cette lettre, remplie de sentiments élevés si bien expri-
més, montre combien le représentant du roi de Navarre était digne
de seconder sa très sage et très habile politique.

[2] Expression charmante dans sa simplicité. Ces trois lettres du
confident et ami de Henri IV me semblent en tout point justifier
les éloges que lui donne, dans la *Vie de Catherine de Bourbon*,
Mme d'Armaillé (née de Ségur).

[3] Bibliothèque nationale, Fr. 20, 480, f° 146.

IX

Au Cardinal de Richelieu,

Je n'eusse pas entrepris de vous escrire à moins que de vous rendre compte de mon loysir et des occupations que j'ay à Paris, mais puisqu'elles n'ont pour fin que vostre gloire, et que voz actions sont l'object ordinaire de mes veilles et de mon estude, je vous supplie de trouver bon que je vous informe d'un dessein qui est desja fort advancé et que j'espère achever avant la fin de l'automne. Il est vray que le terme est plus long que je ne pensois, et que n'ayant peu refuser à ma plume beaucoup de matières qui se sont presentées, je me voys contrainct de passer les bornes que je m'estois proposées et d'aller au delà d'un juste volume. En meditant vostre [vie], il m'est arrivé le mesme qu'à ceux qui trouvèrent les mines de Potosi, l'abondance leur feit de la peine, l'or sembloit croistre soubs leur travail, et les plus insatiables espritz du monde eurent moins d'avarice que ces riches veines de fertilité [1]. Ainsy, Monseigneur, je me sens travaillé de la grandeur du subject que j'ay en main, et les choses qui s'offrent à mon esprit sont si rares et en si grand nombre qu'il m'est très difficile d'en laisser et impossible de les representer toutes. La morale n'a point de règle pour la perfection de l'homme dont vous n'ayez donné des exemples et vous estes parvenu à ces excez de bien qu'elle attribue aux héros et qui a faict les dieux de l'antiquité [2]. Vous avez une politique extraordinaire et à considerer la prospe-

---

[1] Phrase charmante et où l'on trouve un reflet de cette poésie qui, dit-on, est associée à toutes les imaginations méridionales.

[2] Si l'on estimait que Silhon s'élève ici jusqu'au dithyrambe, je reparlerais des poétiques imaginations méridionales et j'ajouterais que l'on était excusable de trop complimenter un homme d'Etat tel que le cardinal de Richelieu.

rité des affaires, depuis que vous les conduisez, on diroit
que vostre prudence faict la fortune, et que vous ne croiriez
pas voz conseilz assez sages, si les evènemens n'en estoient
heureux. L'histoire ne nous propose rien de si estrange que
ce que nous avons veu depeis trois ans ne rende croyable,
et la vertu des anciens n'est pas plus belle avecq les ornemens qu'on luy a prestez et l'artifice des escrivains qui
l'ont parée, que celle de ce temps l'est toute simple et sans
secours estranger, mais, Monseigneur, il ne tiendra qu'à vous
que les siècles passez ne perdent cest advantage qu'ilz ont
sur le nostre, et quand il vous plaira d'employer ceste divine
éloquence qui a faict tant de miracles pour achever la gloire
du Roy, il n'en fust jamais de si esclatante, elle triomphera
du temps et de la fortune, et les choses que ce Prince a
faictes par vostre conduite n'ont pas merité des couronnes
qu'elles ne reçoipvent dans voz escriptz. Nous espérons,
Monseigneur, que si la violence des affaires cesse un jour,
et que l'action vous laisse jamais quelque moment de reste,
vous rendrez ce grand service au Roy et cest honneur à
vostre Patrie, et quand cela ne se pourroit, je ne désespère
pas encores que ce bien manque entièrement aux felicitez
de la France, et je viens d'apprendre qu'un esprit des plus
heureux de ce siècle[1] a formé un prince si parfaict qu'il sur-
passera l'idée que les anciens en ont laissée[2], et que vostre
vie y est représentée avecq tant de pompe et de majesté
que si vous mesme ne prenez la peine de vous peindre, il
ne sera jamais un plus beau pourtraict que celuy la[3]. Pour

---

[1] Jean-Louis Guez de Balzac, qui eut d'amicales relations avec
son confrère J. de Silhon, comme on le voit dans sa correspondance et comme je l'ai rappelé dans une note des *Lettres inédites*
publiées en 1873 (Paris, imprimerie Nationale, in-4°, p. 82).

[2] L'ouvrage parut l'année suivante : *Le Prince* (Paris, 1631, in-4.).

[3] Et pourtant Richelieu ne fut pas reconnaissant d'un si *beau*

moy à qui la nature a refusé ces grands principes d'éloquence et qui ay fort peu d'art et de lumière pour escripre,
je conduis selon mes forces l'ouvrage que j'ay entrepris [1].
Si je manque de pensées haultes et de discours magnific-
ques pour eslever la gloire de vostre ministère, je n'ay que
trop de raisons pour en faire veoir la justice et la felicité, je
n'ay que trop d'argumens pour confirmer l'opinion que les
sages ont de vous et pour confondre la passion de ceux qui
vous hayssent, et l'ingratitude du peuple qui ne vous res-
pecte pas assez, et, en cecy, Monseigneur, je vous diray que
je ne trouve pas estrange qu'il y ayt des premiers puisquè
c'est une chose fatale à tous les grandz hommes, et je ne
m'estonne point qu'il y ait des malades qui extravaguent, ny
que les mescontens ne fassent de la matière pour flatter leur
depit et occuper leur inquiétude. Mais quand j'ay oy les mur-
mures des petitz après les obligations que la France vous a,
après les maulx dont vous l'avez delivrée et à la veille des
biens que vous luy preparez, je confesse que j'ay esté le plus
surpris homme qui vive. J'ay recogneu en ceste occasion
qu'il estoit vray ce que j'ay oy dire qu'il n'y a rien que le
peuple oublie si tost que les bienfaictz, qu'il reçoit touttes
les impressions qu'on luy donne, qu'il condamne demain ce
qu'il a approuvé aujourd'huy, et que s'il se prend quelquefois au bien, ce n'est pas qu'il le choisisse, mais il arrive
qu'il le rencontre dans la diversité des mouvemens qui l'a-

_____

portrait et n'accorda ni grasse pension ni gras évêché à son pein-
tre, lequel s'est plaint en harmonieuses périodes de tant d'ingratitude.

[1] C'est l'ouvrage intitulé _Le Ministre d'Estat_ qui parut à Paris en
1631 (in-4°) et qui fut réimprimé en 1641, 1643, 1661, etc. Sorel,
dans sa _Bibliothèque françoise_ (Paris, 1664, p. 73) a dit de cet ouvrage qu'on « doit fort le considérer pour son beau style et pour
sa doctrine. »

gittent, et ceste inconstance éternelle dont il est travaillé [1].
J'espère, Monseigneur, de m'opposer avecq succès à ces dé-
sordres. et bien que les plus grandz fleuves du monde ayent
souvent de petites sources et ne naissent que des fontaines,
je me promectz de monstrer que voz actions qui ont excité
tant d'admiration, ont encore des causes plus admirables,
que la moindre de voz louanges est d'avoir surpassé tous
les ministres que nous ayons eu jusques icy, et qu'en tous
les siècles il ne se trouvera point d'hommes qui ayt apporté
au gouvernement des estatz et au service des princes, des
qualitez si haultes que les vostres sans quelque deffault et
sans meslange de vice Dans le cours de cest œuvre je descouvre la finesse de la politicque d'Espagne que vostre prudence a surmontée et les advantages avecq lesquelz ceste
nation commande qui ont cédé à vostre vertu, et comme je
ne traicte que la raison d'estat moderne et soubs laquelle le
monde roulle, je ne me sers guère aussy que de l'experience
du dernier temps et des choses arrivées depuis un siècle et
demy. J'ay eu soing de n'employer qu'exemples illustres, et
en les choisissant j'ay toujours eu devant les yeux la dignité
de ceste couronne et la grandeur des choses qui ont esté
faictes ; je n'ay point imité le politicque florentin [2] qui a chargé
des escriptz de petites vaillances de certains capitaines sans
nom, des desreglemens de quelques malheureuses républi-
ques et des malices d'une formillière [3] de tyranneaux qui ont
infecté l'Italie ; en l'employ de ses exemples, je tasche de
representer les veritables conditions de l'histoire, et voyant

---

[1] Rarement on a mieux décrit ce qu'il y a de léger, de chan-
geant, de capricieux dans le peuple et surtout dans le peuple français.

[2] Machiavel. Silhon, qui avait voyagé en Italie, connaissait aussi
bien la littérature que l'histoire de notre voisine.

[3] On disait alors *formilière* et *formi*, comme nous le rappelle
assez dans le texte primitif la fable de La Fontaine.

que nostre langue n'a presque produit que des compilateurs [1],
et qu'en cela elle est si fort au dessoubs de l'Italienne et de
l'Espagnolle, j'essaye de l'eslever jusques à ce genre d'escripre ; je narre doncques en quelques endroictz, je juge des
actions tant publicques que particulières, j'en extraictz des
preceptes et instructions qu'on appelle maximes ou règles
de gouverner [2]. Quand à la harangue qui est le chef de l'histoire et peut estre le dernier effort de l'éloquence, je ne voy
point de place pour en mettre. Je ne presume pas pourtant
d'en pouvoir venir à bout et quand je considère qu'il y en a
si peu de bonnes des modernes et que tous ceux qui l'ont
tenté depuis les anciens sont tombez, j'ay grand subject de
me deffier de moy mesme et de doubter du succez d'un dessein si difficile. En ceste comparaison je vous excepte, Monseigneur, et je ne suis pas si ignorant que je ne sçache que
c'est par là que vous regnez dans le conseil, que vous donnez des loyz aux assemblées et ostez, quand il vous plaist, le
choix des opinions aux jugemens les plus libres. Surtout je
medite un discours curieux et nouveau, si je ne me trompe,
de l'usage de la lumière de la raison ; je prouveray que la
lumière qui faict l'essence de Dieu qui est la première pro-
priété de la nature humaine et angelicque, et la racine de
l'instinct des bestes, est la cause de toutes les bonnes choses
et comme la corporelle descouvre la beauté de la nature, et
se meslant parmy les aultres qualitez de son genre produict
mille rares effects, de mesme la spirituelle qui est l'œil de
l'ame et le principe du discours, est l'origine de toutes les
vertus et l'influence qui les faict naistre. Je feray voir la
puissance qu'elle a sur les passions et qu'elle est au dessus
du temperament, quelque force que lui attribue ce docte et

---

[1] Jugement sévère, mais juste, et applicable aussi à tout le
XVIIIe siècle. Avant Châteaubriand et Michelet, avions-nous un seul
livre d'histoire vraiment original ?

[2] Le livre de Silhon a-t-il jamais été mieux analysé ?

subtil Espagnol qui a faict l'examen des espritz[1]. Je mons-
treray que le monde est plain d'erreurs et de vices à cause
que les uns la dissipent après de vaines substilitez et des
cognoissances superflues et que d'aultres ne si opposent jamais aux inclinations du tempérament qu'ilz appellent suivre
la nature, Je proposeray quelques moyens faciles et popu-
laires pour se servir utilement de ceste lumière et l'applic-
quer avecq fruict à la recherche des sciences et au manie-
ment des affaires, et tout cecy, Monseigneur, affin de faire
veoir que la Nature vous ayant pourveu d'un de ces tempe-
ramens qu'elle prend plaisir quelquefois de former contre
ses règles et qui est esgallement propre à toutes les facultez
de l'ame, vous avez tellement purifié vostre raison par la
meditation et l'estude, que ce n'est pas merveille si vous
avez mis tant de vertus ensemble, et si l'on ne vous veoit
jamais errer en voz jugemens, quelqu'obscure qu'en soit la
matière. Enfin, comme je ne quitte jamais le bon party et ne
donne rien à la bienseance dans la justice, j'esclaircy aussy
les doubtes de conscience qui se presentent en passant et
dissipe certains scrupules qui pourroient tourmenter les
ames qui ont plus de zèle que d'intelligence et de chaleur
que de lumière. J'entreprends beaucoup, Monseigneur, et
j'ai mal mesuré mes forces, mais j'advoue que je me suis
laissé gaigner à la beauté de mon subject et à la passion in-
finie que j'ay pour vostre service. Neanmoins bien que je
n'aye pas assez de vanitez pour approuver mon travail quand
je l'examine tout seul, quand je le regarde par la comparai-

---

[1] Sur Juan Huarte, le philosophe de Saint-Jean-de-Pied-de-Port,
voir une excellente thèse pour le doctorat ès-lettres de son confrère en médecine M. J.-M. Guardia. *l'Examen des esprits propres
aux sciences* parut à Pampelune en 1575, fut traduit en français en
1580 et retraduit deux fois au xviie siècle. A côté du livre du docteur Guardia, je citerai un curieux article de *l'Analectabiblion* du
marquis du Roure (tome ii, 1837, p. 49-57.)

son de plusieurs aultres ouvrages de semblable nature[1] je ne
perdz pas tout à faict espérance que le mien ne puisse aller
jusques à noz voysins et jusques à noz nepveux. C'est pour-
quoy, Monseigneur, je ne vous remercie pas à present de
voz bienfaictz ny ne sollicite vostre bonté pour l'advenir. Je
vous rend seulement graces de ce que par vostre moyen
j'ay de quoy occuper mon esprit et ce peu d'industrie
qui est en moy après la plus riche matière et la plus noble vie qui ayt esté depuis plusieurs siècles. Mais comme
j'ay à me louer de voz faveurs, j'ay aussy à me plaindre des
malices de la fortune et du temps qu'elle m'a osté. Ce n'estoit pas assez qu'elle m'eust privé du secours qu'ont d'ordinaire ceux qui escrivent, et que j'eusse esté exposé aux di-
vertissemens de Paris et à l'agitation de quelques affaires
que j'y ay eues, sy elle n'y eust adjousté les maladies, les
fiebvres qui m'ont travaillé un peu après mon retour d'Italie, un catarrhe que j'ay eu sur un œil et dont je ne fais que
guérir et la foiblesse qui m'est demeurée du mal et des re-
mèdes m'ont fort esloigné[2] de mon but[2]. Cela m'afflige et
quand je songe que sans ces surprises et ces tempestes ino-
pinées, je commencerois à veoir le port, j'ay peine à me
consoler.

Je ne seray pas plus long, Monseigneur, puisque je ne l'ay
dejà esté que trop. Je vous demande seulement pardon si
j'ay esté advantageux en parlant de moy et si j'ay violé la
modestie en vostre presence. Je vous supplie très humblement de croire que j'ay forcé mon humeur, que j'ay rougy en
escrivant, et que ma conscience me l'a reproché après l'avoir
faict. Mais, Monseigneur, de deux extremitez où j'ay esté
engagé, je n'ay sçeu trouver le milieu et ay mieux aymé cou-

---

[1] Cela rappelle un mot bien connu : je suis modeste quand je
m'examine et fier quand je me compare.

[2] On a écrit lict, mais la correction s'impose.

rir fortune de paroistre vain en parlant de moy, qu'ingrat
en me taisant et ne vous rendant pas compte de ce que je
tasche de faire pour la resjouissance des obligations que je
vous ay.

Je suis, Monseigneur, vostre très humble, très fidèle et
très obéissant serviteur.

SILHON [1].

A Paris, ce 25 juin 1640.

X.

Au cardinal Mazarin.

A Paris, ce 25e sept. 1653.

MONSEIGNEUR,

J'ay receu celle que Vostre Em. m'a fait l'honneur de m'escrire du 22me du present. Je n'ay point eu peu de joye d'apprendre qu'Elle n'a pas desapprouvé ma conduite aux choses
qu'elle m'avoit ordonnées. Si j'eusse pu entretenir M. Chanut [2] cela m'auroit espargné la peine que j'ay d'escrire un
jour que j'ay esté saigné pour la 3me fois depuis lundy, apres
3 accès de fievre tierce, et à la veille d'un quatriesme [3]. Mais

---

[1] Bibliothèque Nationale, F. Fr. 23.200, f° 314. Copie. Recueil
de documents tous authentiques, car les copies proviennent d'un
des secrétaires de Richelieu, Le Masle, prieur des Roches, qui les
donna à la bibliothèque de Sorbonne.

[2] Pierre Chanut, le grand ami de Descartes, était alors ambassadeur en Hollande, après avoir été ambassadeur en Suède auprès
de la reine Christine.

[3] On voit, en rapprochant ces détails de ceux que Silhon don-
nait, 23 ans auparavant, dans ses lettres à Richelieu, sur ses fiè-
vres rapportées d'Italie et sur ses maux d'yeux (catharre, c'est-à-

j'ay jugé que je devois faire ce petit effort, pour donner avis
à Vostre Em. de certaines choses qu'il importe qu'Elle sache,
si elle ne les a sçeues d'ailleurs.

Cela regarde la Reyne de Suede[1]. en la procedeure de
laquelle j'avoue à Vre Em. que je ne voy point clair, et où il
y a un grand œnigme pour moy. Vre Em. sçait ce qu'Elle
traite aveque nous, et les avances qu'Elle fait ou semble
faire pour s'unir à la France par un lien fort estroit.

D'autre costé Vre Em. considerera aussi, ce qu'Elle fait en
mesme temps pour l'Espaigne, ce qui paroit du succés du
voyage et de la residence de Pimentel en sa cour [2]. Il ne se
peut rien ajouter au bon traitement qu'il y a receu et aux
marques d'estime que la Reyne luy a données.

Il y en a qui croyent qu'il n'a pas peu contribué, à la liai-
son qui s'est formée entr'Elle et la Republique d'Angleterre.
Bien que les Espaignols n'ayent pas sujet d'aimer les Anglois
qui ont pris leur bon argent, il se peut que hayssant davantage les Hollandois, ils ont voulu *servir* les autres à leur
prejudice.

---

dire fluxion), qu'il n'eut jamais une bonne santé, ce qui ne l'empêcha pas d'atteindre 70 ans.

[1] Je renvoie, au sujet de la reine Christine dans ses relations
avec la France, au beau travail de Chéruel sur le ministère du cardinal Mazarin. Chéruel, qui mentionne souvent Silhon en ce travail,
a cité la présente lettre dans son tome II, p. 22.

[2] Sur l'envoi de ce diplomate à la Cour de Suède, voir une
lettre de Mazarin à M. d'Avaugour, du 13 novembre 1654, où il
recommande à ce dernier d'être « alerte de ce costé-là » et de
tâcher de rompre toutes les mesures de Pi..ntel, » dans le tome VI
des *Lettres du cardinal Mazarin* (1890, p. 383). L'éditeur du recueil constate que la minute de ce document est de la main de
Silhon et il ajoute (en note): « Il n'est pas nécessaire de faire re-
marquer combien la phraséologie de l'académicien diffère du langage souvent peu correct de Mazarin. »

Cecy est visible et hors de contestation, que la Reyne a fort aydé à la nomination du Roy des Romains; et joue le personnage qu'il a pleu à la maison d'Austriche, pour cela, et mesme contre ses veritables interets, et au grand estonnement de tous les Princes et Estats de l'Empire qui n'ayment point cette maison.

Il y a de l'apparence que Pimentel y a negotié quelque autre chose qui tourne directement à l'avantage de son maistre [1] et d'où l'on peut soubçonner qu'il en rapporte de la satisfaction, si les avis qu'on m'a donnés sont veritables, et je les tiens de bonne part. Premierement les presents qu'il a eüs soit pour luy soit pour son maistre, ne sont pas seulement magnifiques, mais sont en quelque [sorte] estonans et incroyables. On les fait monter à 100 m[ille] escus, et on y designe entre autres une croix de diamans de la valeur de 35 m[ille] escus. Si cela est, Vostre Em. jugera bien qu'il faut que les Espaignols luy ayent offert ou promis de grandes choses. à quoy ils ne se seront pas espargnés selon leur bonne coustume.

Pimentel est party de Suede avec un des valets de chambre de la Reyne, et un de ses courriers, pour luy porter sans doute promtement response de quelque resolution importante qu'Elle attend du Roy d'Espaigne.

Quoique les Espaignols ont pû pretendre d'Elle en leur particulier, je ne voy point que ce puisse [être] autre chose que se prevaloir de ses troupes, sous quelque pretexte dont il n'y a jamais faute quand on le veut.

Le fondement de ma conjecteure est, d'autant qu'ils se trouvent forts courts de ce costé là en Flandre pour l'année prochaine si la guerre continue. Cette campaigne aura fort

---

[1] Philippe IV dont l'adroit génie de Mazarin allait obtenir, six ans plus tard, ce traité des Pyrénées qui nous valut l'Artois, le Roussillon et plusieurs belles villes de la Flandre et du Hainaut.

affoibli et debiffé leur armée. De prendre des quartiers en France, Vostre Em. y a mis bon ordre. D'en avoir en Allemaigne pour le duc de Lorraine les Allemans sont entierement resolus de l'empescher à main armée, quoy que fasse l'Empereur. Il est impossible que la Flandre pour restablir un si grand corps ruiné, comme sera leur armée [*sic*].

Il n'y a donc point d'autre ressource pour eux, pour se metre en estat d'agir contre nous l'année prochaine, que d'estre puissament assistés par la Reyne de Suède, qui a sur pied les plus belles forces et les plus aguerries de toute l'Almaigne, et des vaisseaux pour les trajects à Dunkerque, sans conrir hazart que de tempestes.

Je sçai bien que l'armement qu'Elle a fait, et qui se continue tous les jours, a pour pretexte le siege dont la ville de Breme est menacée, et affin aussi que le Roy de Poloigne faisant la paix avec ses ennemis ne fust convié par l'ocasion d'entreprendre sur la Suede, si Elle se trouvoit desarmée.

Cela peut estre, mais il se pourroit faire aussi que ce que je viens de dire fust vray. Je ne dis pas qu'il soit conclu, mais bien qu'il se traite, et qu'il se pourroit conclure, si la Reyne y a entendeu tout de bon, ou si elle ne prend d'autres sentimens. Car autrement je ne voi point ce que ce pourroit estre.

J'ay penetré par quelques parolles qui sont eschappées à M. Bourdelot [1] tantost de ça tantost de là, que les Espaignols offroient à la Reyne de Suede de grands establissemens,

---

[1] Pierre Michon, dit l'abbé Bourdelot, premier médecin, depuis l'année 1651, de la reine Christine. Il avait été auparavant médecin des princes de Condé, et, auparavant encore, médecin du comte de Noailles, ambassadeur à Rome. J'aurai à m'occuper de ce singulier personnage dans mon recueil des *Correspondants de Peiresc*. Je l'ai déjà souvent rencontré sur ma route, soit dans divers fascicules dudit recueil, soit dans les quatre premiers volumes des *Lettres de Peiresc* aux frères Dupuy et à divers.

jusqu'à des souverainetés. Je croy facilement cela si Elle a
esté si facile[1] d'y prester l'oreille. Ces promesses leur cous-
teroient moins que de l'argent content, et quand je me souviens de ce que nostre histoire nous apprend qu'ils tindrent
dans leurs filets jusqu'à la mort, le Roy de Navarre père de
Henry le grand[2], par l'espérance qu'ils luy donnoient, de
luy ceder le royaume de Sardaigne, au lieu de celuy de Navarre qu'ils luy detenoient, je ne le trouve point estrange.

Cela, Monseigneur, m'a quelquefois donné du soubçon
ainsi que je l'ai tesmoigné à M. Chanut; que cette Reyne
n'avoit fait la proposition que Votre Em. sçait, que sur la
pensée qu'Elle avoit, que nous apporterions des difficultés
ou en la maniere ou en la longueur ou en la chose mesme,
qui luy fourniroient sujet plausible (s'il y en peut avoir de
plausible après les *obligations que la Suede a à la France*)
d'achever ce qu'Elle a commencé avec l'Espaigne.

Peut estre aussi que je me trompe en mon soubçon, et le
veux croire ainsi, et qu'elle a absolument resolu de ne rien
conclurre avec l'Espaigne, qu'en cas que le dessein qu'Elle
a pour la France, manque par nostre faute. M. Bourdelot
m'a bien dit plusieurs fois, que si le point de la seureté s'es-
tablit, qui est où il met le *principal de l'affaire*, il dira bien
des choses, et il avance cela comme sçachant tout le secret
de la negociation de Pimentel. Je ne sçay si ce qu'il dit est
art ou verité[3].

----

[1] Silhon a écrit deux fois les mots *si facile*. Il ne se relisait donc
pas ? Ne pas se relire quand on écrit familièrement à un ami,
passe encore ! Mais quand on s'adresse à un ministre, surtout à
un grand ministre, n'est-ce pas une négligence impardonnable ?

[2] On peut dire que le père de *Henry le grand* était plus aisé à
prendre et à garder dans des filets, que le très rusé politique qui
fut son fils. Henry le fit bien voir aux Espagnols soit comme simple roi de Navarre, soit comme roi de France et de Navarre.

[3] Etant donné le caractère de Bourdelot, je parierais plutôt pour
l'*art* que pour la *vérité*.

Quoy qu'il en soit, il est croyable que cette Reyne traite
tout de bon avec nous, tant à cause qu'Elle a eu jusques icy
une attitude françoise, que pour ce que l'establissement
qu'Elle projette, regarde proprement et particulièrement sa
personne, pour avoir tousjours un fonds independant des
Estats de Suede, et non sujet à deperir, qui lui fournira ce
qui regarde ses habits, ses meubles et mille autres galante-
ries qui appartiennent au sexe, et qui ne se peuvent recou-
vrer d'ailleurs que de Paris [1]. Outre qu'Elle auroit peut estre
peine de perdre ses correspondances qu'Elle a en France
avec des gens d'esprit et de belles letres [2]. Ces deux der-
nieres considerations sont foibles en elles mesmes, mais peut
estre elle ne les sont pas pour cette princesse.

M. Chanut a sans doute pour cela de meilleures lumieres
que moy, dont il pourra esclaircir Vostre Em. si Elle le desire.

Je suis encore, Monseigneur, obligé de luy donner avis,
qu'on est mal satisfait en Poloigne de M. Bartet [3], et qu'il
y a ordre à ceux qui ont soin icy des affaires de la Reyne
de n'envoyer rien chez luy comme on faisoit, ni lettre ni
autre chose. On escrit que les affaires de ce Roy vont bien,
et peut estre s'il vient à bout glorieusement, comme il en

---

[1] Juste hommage rendu à la ville qui a toujours fourni et fournira toujours aux deux mondes ces inimitables petites merveilles
que l'on nomme *articles de Paris*.

[2] Parmi ces *gens d'esprit et de belles lettres* n'oublions pas que
Claude Sarrau figure en rang très honorable.

[3] Le béarnais Bartet était alors envoyé du roi de France à la
Cour de Varsovie. Je me suis jadis occupé de lui dans la *Revue de
Gascogne* à propos de l'étincelant récit, dans les *Mémoires de Saint-
Simon*, de l'affront scandaleux que lui fit le duc de Candalle. Voir,
outre les divers témoignages réunis dans ma petite note, les dé-
tails qui ont été donnés depuis par Chéruel dans le tome v des
Lettres de Mazarin (p. 800). J'aurai moi-même à revenir sur ce
sujet, étant armé de nouveaux documents.

est en chemin, de la guerre qu'il a sur les bras, il ne tiendra pas médiocremement en eschec et en jalousie la Suede, à cause de l'esmulation qu'il y a entre les deux couronnes et les deux Reynes. Cela ne gasteroit rien à nos affaires, qui sçaurions nous prevaloir de cette jalousie.

Vostre Em. aura sans doute sçeu que le bon home de M. de Chasteauneuf se meurt[1] ; je la conjure de se souvenir de moy, si cela arrive, et d'excuser les fautes de cette letre, que j'ay escrite avec precipation *(sic)* [2] et avec du mal de teste. Je suis,

Monseigneur

de Vostre Em.

tres humbe tres fidelle et tres obeissant serviteur.

Silhon[3].

XI

Au cardinal Mazarin.

Monseigneur,

Vostre Eminence trouvera cy jointe une letre du Roy de Suéde[4] que le sieur de Minieres m'a mis entre les mains pour la luy rendre. Il m'en a donné une autre que cette Majesté m'escrit par laquelle elle me recommande deux choses,

---

[1] Sur la mort du marquis de Châteauneuf, voir le tome v plus haut cité des *Lettres de Mazarin*, p. 474.

[2] Cela se voit un peu partout dans la lettre, mais nulle part mieux qu'en cet endroit même.

[3] Archives des Affaires étrangères, *France*, tome 892, f° 375-378.

[4] Charles Gustave monta sur le trône en 1654, après l'abdication de sa cousine, la reine Christine.

l'une de suplier Vostre Eminence de sa part, de vouloir recevoir en grace ledit sieur de Minieres, qui tesmoigne un
grand repentir d'avoir despleu à Vostre Em. et qui n'a fait
le voyage de France, ni ne s'est obligé de faire celuy de
Moscovie que le Roy de Suede desire passionement qu'il
fasse, qu'à condition qu'il se porteroit pour intercesseur en
sa faveur auprès de Vostre Eminence.

La cause pour laquelle il desire si fort ce voyage est que
de toutes les guerres qu'il a sur les bras, celle qui luy fait le
plus de peine est celle du Moscovite. Ce n'est pas qu'il en
soit fort pressé depuis quelque temps, mais s'il arrivoit que
ce prince vint une autre fois fondre sur ses estats avec une
armée de 80 ou 100,000 hommes, comme c'est sa coustume,
il ne voit point quel moyen il auroit de parer ce coup, et il
faudroit necessairement qu'il y succombat. Au lieu que s'il
se trouvoit delivré de cet ennemi, il se prometroit bien de
faire autant de mal au reste de ses ennemis qu'il en pourroit recevoir d'eux.

Or il croit que pour terminer cette guerre la médiation de
France seroit fort puissante, et qu'elle reussiroit facilement
dans la disposition où le Moscovite se trouve d'en sortir par
quelque porte honneste et dans le degoust qu'il a des Polo-
nois et des Austrichiens depuis leur ligue. Voilà, Monseigneur, l'essentiel du voyage du sieur de Minieres et de l'inter-
cession du Roy de Suede pour luy.

L'autre chose que cette majesté me recommande de faire
connoistre à Votre Em. qu'elle l'obligera fort sensiblement
de vouloir protéger dans les occasions la personne et les interets de Mme la duchesse de Rohan, sa fille [1]. Vostre Em. ne

----

[1] Marguerite de Rohan, née vers 1617, avait été mariée en 1645,
avec son parent Henri de Chabot, auquel le duc d'Enghien fit
obtenir un brevet de duc, « pour conserver le tabouret à Mlle de
Rohan » comme parle Tallemant des Réaux en son historiette intitulée : *Mesdames de Rohan* (t. III, p. 426). En cette même histo-

le trouvera point estrange, si elle considère que ce prince
est l'homme du monde qui s'interesse davantage pour les
personnes qui le touchent de parenté ou d'alliance de sang,
ce qui est la marque d'un bon naturel.

Je suis avec un tres profond respect, de Vostre Eminence,
le tres humble très fidelle et tres obeissant serviteur.

SILHON [1].

XII

A Monsieur Monsieur Maran, conseiller du Roy en sa Cour
de parlement de Tholose estant à present à Aix [2].

MONSIEUR,

Puisqu'autresfois vous avez loiié la chicanerie de M. de.
Saint-Blancard à cause qu'elle m'avoit faict un procez à Tholose, il me sera aussy permis de me resjouyr de celluy qui

---

riette, où roule à pleins bords un fleuve de renseignements de
tout genre, notre Silhon est mentionné, comme naïf et candide
admirateur de la plus séduisante que sage Marguerite, en cette
phrase (p. 424) ; « Jusques à un an après la naissance du Roy
[Louis XIV naquit le 5 septembre 1638] personne n'avait eu aucun
soupçon de Mlle de Rohan. Sillon, en prose, Gombaud et autres,
en vers, se tuoient de chanter sa vertu. »

[1] Je ne retrouve pas l'indication de la provenance de cette lettre
qui n'est pas datée. Je me souviens seulement d'avoir eu le plaisir de la copier à la Bibliothèque nationale.

[2] Sur Maran, comme sur le magistrat-homme de lettres nommé
en la première ligne de cette lettre M. de Saint-Blancard, voir
une plaquette intitulée : *Lettres Toulousaines* (Auch, in-8e, 1875.) On
retrouve ces divers personnages dans les *Lettres de Peiresc aux*
frères Dupuy (Paris, 3 vol. in-4e).

vous a amené à Aix puisque vous estes en lieu où je puis vous escrire commodement à cause de l'ordre que M. de Peiresc a icy pour luy faire tenir asseurement tout ce que l'on luy envoye, et ce qui m'oblige davantage à ce contentement est la creance que j'ay que c'est le mesme affaire de Madame de Saint-Pol [1] qui vous y a conduict plustost qu'aucun autre affaire particulier pour vous, de quoy je seray marry estant obligé de vous souhaicter la tranquillité que je possède à present Dieu mercy. Je vous diray donq que vostre lettre m'a appris que vous m'avez faict l'honneur de m'escrire cy devant une lettre laquelle je n'ay poinct veue et fault qu'elle se soit perdue. Car si elle estoit en compagnie de celle de M. le docteur Regent [2], j'ay receu de Caprarolla distant de ceste ville 30 mille ladicte lettre seule, laquelle me fut envoyée par M. d'Arcy et si c'est par autre voye je vous puis asseurer qu'elle n'est pas parvenue à moy. J'avois bien sceu par une lettre de mon frere l'honneur qu'il vous avoit pleu luy faire à son passage de Causse [3], et les obligations qu'il vous avoit de vostre courtoisie, et puisque par ceste lettre perdue vous desiriez de moy quelques pieces des musiciens de reputation, je vous diray que je n'avoys pas oublié la charge que vous m'en aviez donné à mon despart de Tholose, et que j'avois desja parlé à un musicien ou plustost maistre de musique du Pape qui m'a promis quelque piece

---

[1] Anne de Caumont, comtesse de Saint-Paul, une de mes plus chères héroïnes. Voir ce que j'en ai encore dit tout récemment dans une note de *Deux livres de raison de l'Agenais* (Auch, 1892. *Avertissement.*)

[2] Un frère du conseiller Maran, lequel frère a été un des plus célèbres professeurs de l'Ecole de droit de Toulouse.

[3] Il faut lire très probablement *Encausse* (Haute-Garonne).

J'ai rappelé dans une note des *Lettres de Jean Chapelain* (tome 1, p. 123) que les eaux d'Encausse ont été célébrées dans le charmant *Voyage de Chapelle et de Bachaumont*.

4

des siennes escriptes à la main, car il n'a encore rien faict imprimer. Il est estimé le plus habile d'Italie. Mais je vous diray mon sentiment pour la musique d'icy : c'est que les concerts ne vallent pas de beaucoup les nostres, à cause que leurs dessus et haultes-contres ont certaines voix de chevres tremblotantes [1], et nullement stilées aux nostres cent fois plus aggreables. Et pour ce qui est de leurs compositions, il est vray qu'elles ont quelque chose de plus aggreable que la nostre. Mais je n'ay encores rien ouy de meilleur que les madrigales de Luca Marezio que vous avez chez vous et quelques autres chansons italiennes que j'ay ouy concerter chez vous. Je ne resteray pourtant de vous satisfaire en cella et en receptes Apiciennes. desquelles j'ay desja faict provision et entre autres de la façon [de] divers cervelats et saussissots. J'ay aussy diverses compositions de parfums, desquelles et de tout ce que j'ay vous et Madamoiselle de Maran pouvez disposer à vostre volonté. Mais je suis incertain du temps de mon despart que je croyois estre ce printemps. Mais M. le cardinal [2] ne me veult permettre mon congé, disant qu'il pretend s'en retourner cet automne prochain, tellement que cella me tient en suspens, et je n'ose le refuser pour si peu de temps, et nous croyons qu'il ira passer l'esté à Venize pour accommoder, s'il est possible, le different des Venitiens avecque le Pape. fondé sur un subjet tel : c'est que les Veni ens ayants possédé jusques à present la mer Adriatique qui aboutit au Ferrarois, Urbin et Marque d'Ancone par le don d'Alexandre III. pour avoir retiré desdicts Venitiens de signalés services contre Frederic premier empereur, il est arrivé qu'un Secretaire de la Consulte nommé Canti-

---

[1] Comparaison bien pittoresque, mais infiniment peu flatteuse pour les voix italiennes.

[2] Le cardinal-archevêque de Lyon Alphonse de Richelieu, qui était à son frère le cardinal Armand ce qu'était Thomas Corneille à l'auteur du *Cid* et de *Polyeucte*.

loro [1] a faict imprimer ces jours passez un livre par lequel il maintient que cette histoire est faulse et supposée et que jamais les Venitiens ne rendirent ce service à Alexandre et qu'il n'y eut point de bataille en laquelle Othon, fils de l'Empereur, aye aydé Frejus, comme l'on croid, et par consequent qu'ils jouyssent à faulx tiltre de la dicte mer, laquelle doibt appartenir au Pape avec restitution des fruicts et impositions par eux levées, ce qui a obligé le Pape d'oster l'inscription qu'estoit dans la saile Royalle du Vatican au dessoubs de la peinture qui represente la submission de Frederic, laquelle estoit telle : *Alexander Papa III Friderici primi imperatoris iram et impetum fugiens abdidit se Venetiis, cognitum et a senatu per honorifice susceptum Othom imperatoris filio navali prælio victo captoque Fridericus pace facta supplex adorat fidem et obedientiam pollicitus ita pontifici sua dignitas Venetiæ reipublicæ beneficio restituta anno 1127.* Et tout cecy ayant esté effacé on a mis à la mesme place l'inscription suivante : *Fridericus primus Alexandrum III quem diu infectatus fuerat post constitutas cum eo pacis conditiones et damnatum schyma Venetiis supplex veneratur* [2]. Cella peult causer beaucoup de trouble, à quoy je crois qu'on remediera par accommodement et cependant, puisque le papier me faict default, je vous supplieray me croire eternellement, Monsieur, vostre trez humble et trez obeyssant,

LA FERRIÈRE.

De Rome, le 3 febvrier 1636 [3].

---

[1] C'est Felice Canteroli, auteur de : *Narratio concordiæ inter Alexandrum III et Fridericum I Venetiis confirmatæ* (1632, in-4°)

[2] S'attendait-on à trouver dans une lettre d'un médecin à peu près de tous inconnu, d'aussi curieux détails d'histoire anecdotique au sujet des papes et du Vatican ?

[3] Bibliothèque d'Inguimbert, à Carpentras. Collection Peiresc, registre XLI, seconde partie, fol. 66. Copie.

XIII

A Monsieur Monsieur de Peyresc, conseiller du Roy en sa cour de parlement de Provence et abbé de Guîtres à Aix.

MONSIEUR,

Je compatis au regret que vous avez de ce que nous avons si mal employé le tems de mon sejour à Aix, qu'il semble que je n'aye esté chez vous que pour vous incommoder et non pour vous servir, comme c'estoit le dessain de ma visite [1], mais je vous supplie d'en accuser les continuelles occupations de vostre charge qui me ravissoit le plus souvent l'honneur de vostre entretien. Je vous diray donq que, quoyque nous oubliasmes de marquer en quel endroit les inscriptions grecques estoient dans le marbre de Rome, et que je m'en aye point gardé la copie, je me ressouviendray encor des lieux où lesdites inscriptions sont et premièrement *dans la frise du pilier qui est à la main gauche*

---

[1] J'ai déjà cité, dans une note de l'*Avertissement*, un passage de Gassendi sur cette visite. Je citerai maintenant sur le même sujet Peiresc lui même écrivant à son hôte, le 15 janvier 1637 : « Vous n'estiez encores guières loing que nous estions dans des regrets non pareils de vous avoir perdu. » L'éloge de La Ferriere revient souvent sous la plume de Peiresc, surtout dans ses lettres au docteur Bourdelot. Tout ce qu'il a tant de fois écrit sur le mérite du médecin agenais est résumé dans cette phrase d'une lettre au docte humaniste de Nimes, Samuel Petit (12 janvier 1637) : Vous aurez cette lettre des mains de Mr de la Ferriere, médecin de Mgr le cardinal de Lyon, qui est l'un des plus honnestes hommes du siècle. »

du marbre auquel commence la narration des gestes d'Hercules. Il y a au premier rebord de la frise ou chapiteau ces
mots ecrits comme vous les voyez ici à la marge[1] Ηράκλιος
πράξεις en majuscules, comme tout le reste de l'incrip·
tion des deux piliers à gauche et à droite, lesquelles inscriptions sont divisées en deux papiers qui contiennent chacun ce
qui est en chaque pilier justement qui s'est peu lire et le
sens historique vous aidera à juger que peu de paroles y
manquent. Et pour le soubassement *au bord d'en bas large
d'un pouce*, il contient les vers qui commencent Πρωτα μεν, εν,
etc., et ce en deux colonnes separées dans l'escrit et entre
ces deux colonnes ou separations de vers il y a environ deux
bons doits de distance dans laquele sont escrits en plus gros
caractères εντελματα ευρωτιος aveq quelques autres mots que
vous trouverés escrits sur le papiers que je vous ai laissé et
me souvient qu'à l'original il y a sur le marbre ΔΕΛΜΑΤΑ
au lieu de εντελματα qui veut dire, comme bien sçavez,
prœcepta Euristœ, car ces deux colonnes de vers contiennent les effects d'Hercules sur les commandemens qu'Euris-
tée lui faisoit, et ensuite de ces mots il y a quelques autres
qui ne signifient pas grand chose, ce qui vient de l'ignorance
du sculpteur, mais il est aisé à juger ce qu'on vouloit que
cela signifie. Quand aux mouleures, frise ou cornice du pi-

---

[1] A la marge est tracé ce dessin :

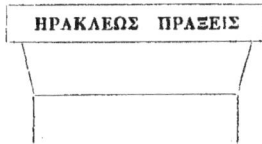

lier qui est à main droite, il n'y avoit rien d'escrit tout
estant dans le plan du pilier.

Quant est du nom de ceux qui ont travaillé à ce deschifre-
ment, je vous supplie de vous adresser à Monsieur le cavalier del Pozzo qui vous les fera sçavoir à cause qu'ils ont
eschapé de ma memoire. Le premier qui a travaillé est un
qui est gagé de M. le cardinal Barberin dans la biblothèque
du Vatican, jeune homme de 25 ans ou environ, lequel on ne
nomme que de son nom de baptesme comme vous sçavez
que c'est la coustume des Italiens, mais afin de ne confondre pas celuy la aveq quelque autre de mesme nature
cestuy cy sera distingué par ceste marque : c'est qu'il monstre
à Monsieur Darcy, expeditionnaire françois, la langue grecque. L'autre est un qui est au Pape et fort familier dudict sieur
cavalier, lequel à sa priere a travaillé à ce que l'autre grec
n'avoit peu deviner, et mesme je laissay ledict sieur cavalier
en resolution de faire remplir à celuy cy ses defaux et man-
quemens que l'usaige a emporté, et il a faict reunir à celuy cy
ladicte pierre aveq du ciment de façon qu'il est resolu de
la *faire reseter* (sic) *plus nettement* que je n'ay peu faire à
cause des casseures, telement que si Il en vient à bout comme
sans doubte Il fera je croy qu'il sera bon qu'il vous en envoye
un autre creux car celuy que je vous ay aporté se cassa en y
jetant dedans les empreintes que vous fîtes faire pendant
mon sejour pres de vous : Et pour ce que vous desirez m'ho-
norer de quelque mention dans vos memoires je vous supplie croire que je ne suis point dans ceste vanité du siècle,
et que je vous suis assez obligé de vos bons offices sans
que par ceste nouvelle faveur je le soy davantage. Que si
les excez de vostre courtoisie vont au delà de mon desir. je
vous supplieray de diminuer les qualitez qu'il vous plaist me
donner et que je ne merite pas qui est conseiller et medecin
du Roy, car cela seroit ridicule parmi ceux qui me connois-
sent, qui sçavent bien que je n'ay pas cet avantage, remet-
tant le reste à vostre dicretion à laquelle je soubmettray

toujours toutes mes volontés comme estant, Monsieur, vostre très humble, très obeissant et très obligé serviteur.

LA FERRIERE.

A Tholose[1], ce 29° janvier 1637.

Je vous supplie me permettre de baiser les mains à Messieurs Gassendy et Melau[2] et à toute vostre famille. Je suis encore icy avec M. Maran en attendant que nos hardes, que je laissay à Narbonne, soyent arrivées.

Monsieur[3], j'avois oublié à vous dire que n'ayant pas trouvé à Mompelier le père Capussin à qui vous adressiez un paquet, pour faire tenir à Pezenas, je l'emportay à Besiers et le laissay au couvent des capussins dudict Besiers qui me promirent de faire tenir audict Pezenas qui n'est distant que de quatre petites lieues et y a tous les jours commodité.

J'ay oublié de mettre aussi dans ma lettre ce que me demandiez de l'herbe qui resiste à la piqueure des mousches à miel. C'est la mauve commune de laquelle il ne faut qu'ex-

---

[1] A propos de la ville où La Ferrière était de passage, disons, pour épargner quelque confusion à des chercheurs qui pourraient se laisser égarer par les apparences, qu'il n'y a rien de commun que la profession médicale entre lui et l'auteur toulousain d'un petit poème que j'ai lu à l'Inguimbertine (collection Peiresc, registre xxxvii, folio 80) et qui est intitulé : *In genesim H. Borbonii Regis Navarræ Pæan Ferrerii Tholosani medici.* L'auteur de ce poème où Henri IV est fort glorifié s'appelait Auger Ferrier. (1513-1588).

[2] Il s'agit là du célèbre dessinateur et graveur Claude Mellan (1598 1638) qui était l'hôte de Peiresc et avec lequel La Ferrière s'était rencontré dans la plus hospitalière de toutes les maisons.

[3] Ce second *post-scriptum* est sur une feuille de papier libre jointe à la lettre.

primer le jus et en froter la piqueure. Voyez Mathiol[1] au chapitre de la mauve[2].

XIV

Au chancelier Séguier.

MONSEIGNEUR,

Je n'ai pas manqué de respondre à la lettre que vous m'aviez faict l'honneur de m'escrire, et tasché ensuite de reduire le neveu de Monsieur de Peiresc à son devoir[3], mais je ni ai rien gaigné. Le temps et la necessité le reduiront plustost que la raison. Je viens d'avoir advis que le prieur de la Rôche sur Ion est fort mal. Ce prioré est à la disposition de Monseigneur le cardinal[4] à cause de son abbaye de Mar-

---

[1] Pierre André Matthioli (1560-1577) fut un des plus célèbres naturalistes italiens du XVI° siècle. On doit à ce médecin de l'empereur Maximilien des *Commentaires sur Dioscoride* (Venise, 1544), où l'on a pu voir une encyclopédie de son époque. Ces commentaires furent deux fois de suite, au XVI° siècle, traduits en notre langue : par A. du Pinet (Lyon, 1561), par J. Desmoulins (Paris, 1572).

[2] Bibliothèque Nationale, fonds latin, vol. 8957, folio 161. Autographe. — Copie à la Méjanes d'Aix en Provence, collection Peiresc, registre IV, folio 193.

[3] Ce neveu de Peiresc était Claude de Fabri, baron, puis marquis de Rians. Comblé de bienfaits par Peiresc, il eut l'ingratitude de se révolter contre lui, résistant à toutes les démarches de conciliation faites par sa famille, par les amis de sa famille et même par le chancelier Pierre Séguier, qui était parent par alliance de la maison de Fabri. Voir sur cette affaire, qui attrista les derniers jours de Peiresc, le tome III de sa correspondance avec les frères Dupuy.

[4] Le cardinal de Richelieu.

moustier, et est de la valeur de quinze cens livres; comme
je n'ai jamais rendu aucun service à son Eminence qui me
puisse donner la hardiesse d'esperer ceste grace de lui, je
vous supplie Monseigneur de ne trouver mauvais si je vous
donne cet advis pour le faire valoir pour tel des vostres qu'il
vous plaira, ou pour le fils de Monsieur de la Verriere, ou
pour moi [1].

Mon frère prieur de la Chartreuse de Rome m'a escrit le
dernier ordinaire que Monseigneur le cardinal de Lion [2] lui
avoit faict voir une lettre de Monsieur Bouthillier comme
j'estois nommé avec M. Godefroy [3] pour nous trouver à Co-
logne près dudict seigneur Cardinal pour servir le Roi à la
conference de la paix. Monsieur de Bullion nous a confirmé
cet advis. Mais comme je ne l'ai pas directement et de la part
du Roi, avant que de m'y engager plus avant, j'ay cru, dependant de vos volontez et de ce qu'il vous plaira ordonner
de moy, estre obligé de vous supplier très humblement,
Monseigneur, de me vouloir departir vostre bon conseil. Je
me sens fort peu propre à un si haut emploi, neantmoins je
ne ferai rien que ce qu'il vous plaira, estant, Monseigneur.

Vostre très humble et très affectionné serviteur.

DUPUY [4].

De Paris ce 15 octobre 1636 [5].

---

[1] Pierre Dupuy n'obtint pas le prieuré qu'il demandait si dis-
crètement.

[2] Le frère du cardinal ministre.

[3] Il s'agit de Théodore Godefroy, un des plus savants émules et
amis de Pierre Dupuy.

[4] Les Dupuy étaient d'origine forézienne, c'était une vieille famille
bourgeoise. On conserve dans les archives de la Diana quelques
actes du xv⁰ siècle relatifs à divers membres de cette famille, notamment à « *honorabilis et discretus vir magister Johannes de Podio,*

XV.

*A Monsieur Monsieur de Saumaise, conseiller du Roy tres
chrestien en ses conseils d'Estat et privé, en sa maison
à Leyden.*

MONSIEUR,

C'est pour vous rendre graces tres humblement de l'honneur qu'il vous a pleu me faire de vous souvenir de moy en

---

notarius et mercator (28 mai 1524). Ailleurs ce personnage, qui cu-
mulait déjà le négoce et le notariat, est désigné comme étant
aussi *lieutenant de juge* (28 juillet 1524). Auprès de ce magistrat
vivait un prêtre, sans doute son frère, *venerabilis vir dominus Thomas Dupuy, presbyter*, etc. (9 mars 1527).

⁵ Bibliothèque nationale, folio 2, tome VI de l'ancienne collection Saint-Germain Français fondue aujourd'hui dans le fonds
français. Cette même collection possède diverses autres lettres
autographes de Pierre Dupuy à Pierre Séguier. J'en citerai seulement deux, une du 20 mai 1633, une autre non datée, mais à peu
près de la même époque (tome I, folio 390 et tome II, folio 42).
Dans le premier de ces documents Dupuy entretient le chancelier
de la marche des travaux qui lui ont été confiés. (*Recherche et
transcription d'actes concernant les personnes des Pairs, leurs privilèges et leurs droits, des traictés faicts par les Hollandois avec cette
couronne et les autres princes*). Voici le second document qui
n'est qu'un tout petit billet comme aiment à en écrire les personnes jalouses d'épargner le temps d'autrui et leur propre temps :
« Monseigneur, j'ai trouvé le brouillard de la preface de cet Edit
que vous desirez. Je la metterai ce soir au net et ne manquerai
pas de la vous bailler demain Dieu aidant. J'attends, Monseigneur
l'honneur de vos commandemens en autre occasion. J'y obeiray
avec joye. Dans peu de jours j'espère vous porter quelque memoire qui servira au faict des homages de Lorraine. Je n'ose pas
vous importuner mal à propos ni les mains vuides. Je suis, Monseigneur, vostre tres humble serviteur, »

la distribution par vous ordonnée au sieur Dupuis [1] de votre
excellent ouvrage Des Usures [2]. Je m'en reconnois extreme-
ment vostre redevable et cherirois l'accasion qui me pourroit fournir un moien de vous tesmoigner mon ressentiment.
J'ay desjà devoré la plus grande partie de vostre liure : duquel avant que de parler en aucune sorte j'ay sur ma conscience une faute dont je vous demande pardon. C'est qu'en
effet, Monsieur, sçachant que vous aviés quitté tant de grands
chefs d'œuvres que vous aviez en main pour traicter de
ceste matière, j'en ay blasmé le desseing avant que d'en
avoir aucune connoissance. Avec trop de precipitation et
sans raison à la verité puis que par tout où vous appliqués
vostre meditation et vostre plume vous reussissez à merveille.
Ce subject que je trouvois chetif me paroist à present illustre
et magnifique tant de soy mesme que de l'habit dont vous
l'avés revestu. Vous l'avés traicté avec une abondance de
conceptions, et une diversité de belles remarques toutes ti-
rées de la matiere mesme [3]. Lors que vous disputés contre

---

[1] Il ne faut pas songer à un des frères Dupuy que Sarrau connaissait trop bien pour défigurer ainsi leur nom. Le s^r *Dupuis*
était un libraire parisien qui est mentionné dans la correspondance de Peiresc.

[2] *De usuris* (Leyde, 1638, in-8° de 686 pages).

[3] Tout le monde ne jugea pas l'ouvrage de Saumaise aussi favorablement. Papillon (*Bibliothèque des auteurs de Bourgogne*) assure
que le traité *de Usuris* attira de grands démélés à l'auteur, non
seulement avec les théologiens, mais encore avec les jurisconsul-
tes. Il ajoute que Saumaise « se sort assez mal de cette dispute,
surtout à l'égard des derniers, qui le raillèrent avec quelque justice d'avoir avancé trop légèrement des paradoxes sur une matière
qu'il n'avait pas suffisamment approfondie. » Parmi les critiques
hostiles au traité de Saumaise, Papillon cite le judicieux Bœcler
qui, en sa *Bibliographia curiosa* (p. 470), constate que la discus-
cussion de l'érudit Bourguignon fut malheureuse, *infeliciter dispu-
taverit.*

Aristote, les Peripateliciens se voient forcés de l'abandonner. Monsieur Petit n'a pas asses bon poignard pour la botte, franche asseurement, que vous lui portés page 41 [1]. La restitution du mot suffectionem en la loy de Paulus, pag. 10, de celui de καπηλείαν es Basiliques pag. 336 est sans contredict tres excellente. Bref partout, Monsieur, vous estes semblable à vous mesmes rempli d'une docte et agreable diversité. Vostre seconde partie doibt, ce me semble, l'estre autant ou plus. Ayant à deduire et combattre l'abus commis en vostre vocation, ainsi que vous le demonstrés. si necessaire. Mais oseroisje vous dire, Monsieur, qu'il semble que vous ne vous souvenés plus de tant de volumes que vous avés promis au public lorsqu'en cestui ci vous en promettés encores d'autres sur S. Luc pag. 353, sur les Actes des App. pag. 438 et peutestre sur tout le Nouveau Testament. Veritablement ceste besogne excuse de toutes les autres. mais c'est nous remestre à longs jours nous qui sommes affamés de vos commentaires sur tant de belles pieces de Tertullien et sur le concile Eliberin. Dans la Preface sur Ampelius [2] vous promettés encores un commentaire sur Florus. J'ay passion de veoir vostre escrit de *Vitae termino* lequel le libraire qui a imprimé le Recueil du sʳ Beverovicius dict page 434 faire un juste volume [3] Il est vray, Monsieur, que vous

---

[1] Ce Petit, qui paraissait à Sarrau si peu capable de parer la *botte* que lui portait Saumaise, était l'habile érudit de Nimes, Samuel Petit, comme on le voit dans une lettre latine de Sarrau à J. Paulmier de Grentemesnil, du 14 juillet 1639, où il dit que l'auteur des commentaires des lois attiques a été refuté, en ce qui regarde les usures grecques, par l'auteur du *De modo usurarum.*

[2] *Lucius Ampelius* (Leyde, 1638, in-12).

[3] Dans le traité *De calculo* (1638) on lit (p. 12) une lettre de Saumaise à l'auteur, *epistola ad Beverovicium.* Voir aussi un autre traité du même écrivain : *De vitæ termino* (1641, p. 438) La lettre de Saumaise est d'une terrible longueur, et encore n'a-t-elle pas été publiée dans toute son étendue.

nous avés paié l'interest si grassement que nous attendrons
le principal à vostre commodité. Suivés donc, Monsieur, vostre genie et pour toutes nos plaintes ne vous detournés pas
d'un pas de vostre chemin. Je vous baise tres humblement
les deux mains et vous prie de me croire effectivement
comme je le suis de toute mon affection,

Monsieur,

Vostre tres humble et tres affectionné serviteur,

SARRAU.

A Paris, ce 21e May 1638 [1].

XVI

Au même.

MONSIEUR,

Pour ce qui est de vostre affaire de vous tirer du lieu où
vous estes pour vous appeler ici elle recule au lieu d'advan-
cer [2]. Pendant une huictaine que j'ay eu ceans l'original des
lettres de vostre pension [3] addressantes à la chambre des

---

[1] Bibliothèque Nationale. Fonds latin, 1350, f° 2. Autographe.
[2] Saumaise voulait quitter Leyde pour venir à Paris. Voir sur
ses projets de retour en France, qui furent toujours contrariés, le
fascicule v des *Correspondants de Peiresc. Lettres de Claude de Saumaise* (Dijon, 1882, *passim*).
[3] La pension qui lui avait été promise, au nom du roi, par le
prince de Condé, gouverneur de Bourgogne, de beaucoup supérieure à celle qui avait été donnée à Grotius lorsqu'il se retira de
Hollande en France.

comptes je l'ay monstrée à plusieurs personnes et n'en ay
pas esté chiche. En outres, à Monsieur de Launay, oncle de
ma femme[1] qui est entendu en matiere de finances qui me
dit les ayant considerées qu'elles estoient mal dressées par
ignorance ou par malice. Dautant qu'encores qu'il y eust
assignation particuliere sur l'election de Paris, neantmoins
les lettres ordonnoient au Tresorier de l'Espargne de p. yer
selon l'estat qui seroit dressé au conseil : c'est à dire que
l'assignation particuliere s'en alloit à neant si vous ne vous
trouviés employé en l'estat du conseil qui se fait tous les
ans. Et faut veiller à s'y faire mettre car il n'est jamais
semblable et on en oste et y en adjouste ou à chaque fois
qu'il se fait on augmente aux uns et on raye aux autres.
Ayant adverti de ce defaut M. Menage[2] il n'en tint pas
compte au commencement me disant pour toute raison qu'il
n'entendoit rien en matiere de finance (aussi ne faisje pas
moy) mais que M. Dupuy ayant fait le preambule des lettres
M. Talon[3] avoit fait faire ce qui estoit de l'ordre par M. Tu-
bœuf[4] intendant des finances et tres entendu en semblables
matieres Neantmoins qu'il les falloit faire veoir aux experts.
Monsieur Luillier cons⁵ʳ à Toul depuis un an ou environ

[1] Claude avait épousé (17 avril 1630) Françoise du Candal, fille
d'Isaac du Candal, sieur de Fontenailles, et de Catherine de
Launay.

[2] Gilles Ménage était très lié avec Saumaise, comme avec Sarrau. Voici comment il parle de ce dernier dans une lettre écrite à
Nublé, le 16 mars 1646 : « M. Sarrau a fait faire aujourd'hui une
consultation de medecins sur sa maladie. Le public perdroit beaucoup de la mort d'un si grand personnage, et moy infiniment. »
(*Lettres et pièces rares et inédites* publiées par Matter. Paris, 1646,
in-8º, p. 231).

[3] Omer Talon, l'avocat général au Parlement de Paris.

[4] Jacques Tubeuf, le célèbre président de la Chambre des
Comptes.

et ci devant maistre des comptes à Paris [1] vostre ami dit
qu'elles sont mal faites et que mon oncle de Launay a raison :
que la chambre n'en eust pas agreable presentation de la
sorte et qu'il les falloit reformer. Il en a pris le soing c'est
à dire que ce qui a esté fait est pour neant. Les faut redres-
ser, faire signer de commandement par Monsieur le Comte
de Brienne de Lomenie qui a les affaires estrangères, sceller
par M. le Chancelier, controller par M. d'Emery [2]. Quand
tout cela sera fait, l'affaire sera aussi advencée qu'elle l'est
à present et faudra travailler à la verification de la Chambre
des comptes qui n'est pas une petite ceremonie. Car pour
semblable nature d'affaires s'assemblent les deux bureaux,
c'est à dire qu'il y a 40 Presidents ou Maistres à veoir et solliciter. Car ces Messieurs des comptes veulent estre bonne-
tés [3] et qui manqueroit à ces reverences ils vous reduiroient
vostre pension de deux mille escus à cinq cens puis faudroit
avoir une jussion et peutestre deux pour faire lever ceste
modification et restriction. Voila l'estat de vostre affaire au
vray qu'il est bon que Madame sache pour puis après prendre ses mesures si elle peut et doibt venir faire ses couches
en France [4]. Je suis marri de vous entretenir de ce fas-
cheux discours, mais il faut que vous sçachiés la verité quoique peu agréable. De dela c'est à dire où vous estes personne
ne le sçaura si vous ne le dites car je me garderay bien de
rien esventer J'ay vostre livre *De Coma* [5], mais de chés Ni-

---

[1] Voir sur François Luillier le fascicule xvi des *Correspondants de Peiresc* (Paris, 1889).

[2] Michel Particelli, sieur d'Emery.

[3] C'est-à-dire salués humblement, avec force coups de bonnet, ce que l'on appelait alors des *bonnetades*.

[4] On sait que la femme de Saumaise était Anne Mercier, fille de Josias Mercier, sieur des Bordes.

[5] *Epistola ad Andream Colvium : super caput XI primæ ad Corinth. epist. de Cæsarie virorum et mulierum coma* (Leyde, Elzevier, 1644, in-8°).

colas Redelikuises (?) facteur de Madame Pelé qui en a receu
bon nombre d'exemplaires vendus aux achepteurs et curieux. Au dernier voyage que fit ici Elzevir [1] il a rompu sa
correspondance avec Madame Pelé et a noué commerce
avec la vefve Camusat [2] et avec son gendre Petit qui attendent
seulement 25 exemplaires pour tout dudit livre. Dès le 15
Aoust vous m'avés escrit que les Elzevirs faisoient une balle
de vostre livre pour Paris et que j'en prendrois des exemplaires pour donner à vos amis. Ceste balle n'est point venue,
je ne sçay à qui m'en informer. Nicolas en a sa provision.
Les incognus et ennemis ont vostre livre et les amis ne sçavent ce que c'est. Voila ce que le beau changement de correspondance a operé. Il n'y a homme qui entende la librairie
comme ce Nicolas qui y est tres expert. La vefve Camusat
est une femme et son gendre un enfant de Paris. Voila un
beau choix de personnes. Ils feront mieux quand il leur
plaira. Cependant je vous baise tres humblement les mains et
souhaiterois avoir de meilleures nouvelles à vous dire et à
Madame de qui je suis comme de vous principalement,

        Monsieur,

    Vostre tres humble et tres obeissant serviteur.

                                SARRAU [3].

A Paris ce vendredi au soir xxie octobre 1644.

---

[1] C'était Jean Elzevier, le fils aîné d'Abraham. Voir sur son
voyage à Paris, en 1644, *Les Elzevier*, par Alphonse Willems (Bruxel-
les, 1880, p. CLXXVI).
[2] Sur Denyse de Courbe, veuve de Jean Camusat, voir les *Lettres de Jean Chapelain*, t. I, p. 63 et *passim*.
[3] Bibliothèque nation. Fonds latin. 10350, f° 47). Autographe.

XVII

Monsieur,

Ceste depesche est de grande consequence pour vous non pas en ce qui est de ma plume, mais en ce que vous recevrés de la court de France. Le Roy vous escrit de le venir trouver promptement et vous promet bonne reception. Il escrit aux Etats Generaux de vous laisser aller. Il escrit au sieur Brosset de faire pour ce les diligences necessaires. Voila les trois lettres et n'y en a pas davantage. Nonobstant que vous desirassiés qu'on escrivit au Prince [1] je crois qu'il est mieux pour vous qu'on n'en face rien. S'il a bonne volonté pour vous comme il y a bien de l'apparence il est plus libre d'agir que s'il y avoit une lettre escritte pour luy : auquel il y auroit mauvaise grace de ne pas seconder les intentions du Roy. Reste à present de veoir quelle sera la suitte. Si ces messieurs sont trop mesnagers et ne vous donnent pas contentement *Noster es et Batavos obliviscere,* ce que Dieu veuille qui n'arrive pas. Si ils font ce qu'il faut faire, les Etats Generaux peuvent se decharger sur les curateurs de Leyde ou sur les Estats de Hollande et dire qu'ils leur feront sçavoir la volonté de S. M. Ce que faict faudra qu'eux et vous escriviés à la Royne [2] *se vi basta camino* [3], mais pour le

---

[1] Frédéric de Nassau, prince d'Orange.

[2] La reine régente Anne d'Autriche.

[3] Claude Sarrau avait le droit de citer de l'italien, car il avait passé trois années à Venise, comme il le rappelle à Fréd. Gronovius, le 11 novembre 1610 (ep. xxix dans le recueil de Burmann, 1714, p. 30) ; il nous apprend lui-même (*Ep.* clxviii du recueil de P. Burmann, p. 172) qu'il a donné ses soins à l'édition d'un opuscule italien sur la vie sobre par Louis Cornaro : *præfui* editioni *cujusdam italicæ scriptiunculæ de vita sobria,* quæ Ludovicum Cornarum auctorem habet. Voilà un petit titre littéraire de Sarrau, que biographes et bibliographes ont tous oublié de mentionner.

5

moins à Monsieur le Comte de Brienne Delomenie *(sic)* secretaire d'Estat qui a signé vos lettres, de tres humbles suppli-
cations de vous laisser là où vous estes et des remercíments
semblables. Le reste est du stile que sçaurès bien faire.
Voila la crise et vostre vertu mise hautement à l'espreuve·
Il y a raison de part et d'autre. Le Jurisconsulte dit : *potior
est ratio quœ pro libertate facit.* Ç'a tousjours esté mon sentiment et le vostre aussi. Mais c'est maintenant qu'il faut
parler net et se tenir ferme. et mettre en pratique la longue
meditation que vous avés faite sur ce subject. Je prie Dieu
de tout mon cœur de vous fortifier par sa grace et vous
[*donner*] victoire et contentement tel que je vous le sou-
haitte et que vous merités. Que je sçache je vous prie
l'issue de ceste attaque ; ce n'est pas que j'en double de
vostre part, mais je participeray avec joie à vostre gloire.
Vous baisant au surplus tres humblement les mains et à
Madame pareillement comme estant,

Monsieur,

Vostre tres humble et tres obeissant serviteur,

SARRAU.

Ce samedy matin 5 Novembre 1644.

J'ay veu lesdites lettres escrittes et signées et n'y manquoit que la superscription. Donnés la vostre. Celte Univer-
sité de Leyde est mal quelque peu : Mais le temps n'a pas
permis d'en faire d'autres. Et puis ces Messieurs les commis
des secretaires d'Estat sont de grands seigneurs auxquels on
ne fait pas faire tout ce qu'on desireroit bien et encores
moins refaire. M. du Puy l'aisné a prins grand soing de la
(*mot effacé*). A ces 3 lettres y a une coppie des lettres de
pension de 6000 livres toute semblable à celle que M. de

Launay a envoié à M. Douchant pour la faire veoir à S. A.
Elles ne sont pas verifiées et ne l'ont peu estre d'autant
qu'on les vouloit faire reformer auparavant c'est à dire dresser, signer, sceller et controller, Ce qui se pourra tousjours
bien faire s'il est de besoing. *Absit, absit* [1].

XVIII.

A Monsieur Monsieur de Saumaise, Chevalier de l'ordre du
Roy, conseiller en ses conseils, seigneur de Saint-Loup
et de Meursant, à Leyde.

MONSIEUR,

L'article de la derniere declaration du Roy dont se plai-
gnent Messieurs les Magistrats de vostre ville a esté demandé en la Chambre S. Louys par plusieurs notables marchands qui se plaignoient que leur trafic des draps de France
estoit quasi mort. En effect les honnestes gens ne s'habil-
loient en hyver que des draps de Hollande dont il se faisoit
un tres grand debit. Cet article ayant esté trouvé raisonnable fut agreé par les 4 compagnies unies et despuis accordé
purement et simplement par M[rs] les Princes de la Conference
à S. Germain et finalement employé dans la Declaration et
verifié au Parlement. Si vos artisans en souffrent les nostres
en profiteront et vous sçavés qu'en bonne politique on songe
à soy devant que de penser à autruy. Si creusant en mon
fonds pour y faire un puits je taris celui de mon voisin, il ne
s'en peut pas plaindre, car je ne fais rien que ce qui m'est
permis. Mais nos ordonnances sont subjectes à estre bientos

---

[1] Bibliothèque nat., fonds latin, 10350, fo ℃.

eludées par la legereté de nos peuples et nostre propre facilité. Pour quelque temps on là fera observer et ces marchands interessés y tiendront la main. D'autre costé, les fer-
miers des cinq grosses fermes anxquels tels draps payent
de grands droits d'entrée dans le royaume en favorisent
l'abord. Ainsi mon advis seroit que pendant une année vos
marchands donnassent cours à leur commerce vers le septen-
trion : la paix d'Allemagne les y aidera beaucoup : et dans
un an ou deux on en faira venir de tres petite quantité, autrement je doubte qu'ils puissent se roidir contre le torrent.
Mon incommodité de goutte [1] qui diminue mais qui me tient
encores attaché au lit ou à la chaise ne m'a pas permis d'en
aller conferer avec M. Dupuy qui en cette saison ne quitte
gueres volontiers le coing de son feu. Je vous baise tres
humblement les mains et à Madame et suis de tout mon cœur,

       Monsieur,

              Vostre tres humble et tres obeissant serviteur,

                                   SARRAU [2].

     A Paris, ce 19e novembre 1648.

----

[1] Sarrau se plaint souvent des attaques de la goutte dans sa
correspondance latine. C'était parfois un malade de belle humeur,
car dans une lettre écrite en langue italienne (n° CXIV du recueil
de Burmann, p. 150) il s'amuse à appeler son ennemie la *signora
podagra*. »
[2] Bibliothèque nationale, fonds latin, 10350, f° 143. Autographe. Si la lettre précédente est curieuse pour la biographie de
Saumaise, celle-ci est une bonne petite page d'histoire du commerce en France.

XIX.

A Monsieur de Saumaise, con^{er} du Roy en ses conseils d'Estat et privé de present

A Leyden.

Monsieur,

Je ne suis pas satisfait de ce que je vous ay escrit en la ci jointe de l'entretien que j'ay eu avec Monsieur Talon pour vostre regard et faut s'expliquer davantage. Ayant esté obligé de le veoir Mardy dernier pour une cause qui regardoit mes neveux en laquelle il devoit parler, je pris occasion en me retirant de le remercier par advance du soing que j'avois appris qu'il prenoit pour vous rappeller de deça et que tous ceux qui aimoient l'honneur de la France et les lettres luy en avoient grande obligation et moy en mon particulier. Il [me] dit : Je suis son serviteur et voudrois de bon cœur que cette affai[re fust] faite. Desormais il ne tient plus qu'à luy et je m'estonne de n'avoir point de ses nouvelles. Monsieur le Cardinal Mazarin le desire et m'estant rencontré avec luy je le mis sur le subject de M. de Saumaize qu'il seroit à propos de le tirer de Hollande et lui donner de quoy subsister ici avec honneur. Qu'outre l'honneur de la France de ne pas laisser aux estrangers ce qui lui appartient entierement à sçavoir ses propres enfants, la Religion catholique mesmes en tireroit un grand advantage en ce qu'estant là il estoit obligé d'escrire contre le Pape, ce qu'il ne feroit pas estant en deça. Monsieur le Card[inal] m'en temoigna joie et je l'ay fait sçavoir à M. de Saumaise, car M. le Card[inal] me pria d'y travailler tout de bon et je feray expedier ce qu'il faut pour luy aussi tost que j'auray de ses nouvelles. Car j'attends quelque lettre de sa part en laquelle il promette qu'estant en France il n'escrira point de religion. Je sçay bien qu'il est assés sage pour ne rien faire contre les lois du

pays où il aura à vivre, mais il faut avoir ceste asseurance
Qu'il me l'escrive ou à M. Dupuy n'importe. Voilà à peu près
ses paroles. Je luy dis que puis qu'il vous tenoit pour assés
sage pour ne pas attaquer vostre pays quand vous y seriés,
il falloit laisser le surplus à vostre bonne foy. Que vos ennemis auroient un grand advantage sur vous si vous aviés
baillé un tel escrit. Il me dit : S'il estoit ici nous nous con-
tenterions de sa parole et quand il l'aura escrit à M. Dupuy
ou à moy, ce n'est pas que je le vueille garder pour l'en convaincre s'il y manquoit ; je le lui rendrois toutes fois et quan-
tes, sans cela j'ay la bouche fermée et je n'oze aller veoir
M. Mazarin que je ne lui porte de ses nouvelles. Monsieur
de S. Sauveur [1] vous en doibt avoir escrit autant il y a long
temps. Faut escrire precisement vostre desseing. Il me dit :
A quoy tient il que son livre contre le Pape ne se voye ? il
devroit estre achevé depuis le temps qu'on en parle. Car il
seroit de mauvaise grace qu'il nous apportast lui mesme ce
pacquet. S'il le veut faire voir qu'il l'imprime sous quelque
nom deguisé. Je lui dis que le livre estoit achevé peu s'en
falloit et ne tenoit qu'à l'Imprimeur qui avoit toute la coppie. [2] Compaignie vint et je me retiray. Je crois, Monsieur,

------

[1] Jacques Dupuy, frère de Pierre.

[2] Renseignement bien important pour l'histoire littéraire. Cet
ouvrage *presque achevé* ne devait pas paraître et je ne le vois pas
signalé dans le catalogue des manuscrits laissés par Saumaise.
Aurait-il été détruit soit avant la mort de l'auteur, soit depuis ?
Sarrau, intime confident de Saumaise, avait donné, dès l'année
1640, divers détails (Ep. xxxi du recueil Burmann, p. 33) sur le
traité futur *De primatu Papæ*, lequel devait être de considérable
étendue (*prolixum opus*) et devait être flanqué de deux appendices,
un sur l'Antéchrist, l'autre sur la papesse Jeanne (où l'auteur se
proposait de réfuter Leo Allatius et David Blondel). Décidément
il vaut mieux, pour la bonne réputation de l'érudition de Saumaise,
que l'ouvrage où il soutenait une aussi impossible thèse, n'ait pas
vu le jour.

que vous devés vous *resoudre et sans luy escrire* qu'estant
en France vous n'ecrirés jamais rien contre Rome; vous
pouvés tellement lui donner asseurance de vostre conduite
qu'il aura sujet de l'interpreter à ces fins sans y estre pour
cela obligé. *Et crois que quand* vous ne l'auriés pas escrit
ni promis estant pensionnaire du Roy il ne faudroit pas laisser
de le faire, c'est à dire de ne rien faire. Voila ce que j'ay
cru devoir adjouster par cet ordinaire vous baisant au reste
les mains comme estant,

    Monsieur,

                vostre tres humble et tres obeissant
            serviteur.   ,

XX.

Au même.

Monsieur,

J'avois prié nostre bon ami selon votre desir de s'employer
à vous donner ou faire donner tel contentement de dela par
toute sorte da bon et advantageux traictement que ceux qui
travaillent de deça à vous y attirer n'eussent pas l'effect de
leur desseing. Et cela avois-je fait avec d'autant plus d'affection que ç'a tousjours esté mon advis que le bien et
advancement de vos affaires et de vostre famille est plus-

---

¹ Sarrau n'a pas voulu mettre son nom au bas d'une lettre où
était reproduite une conversation roulant sur un sujet aussi délicat et il s'est contenté de deux signes connus sans doute de son
correspondant seul et qui ne pouvaient en rien le compromettre.
— Bibliot. Nat. fonds latin 10350, f° 176. Autographe.

tost de demeurer là avec peu pourveu que vostre santé
s'accommode à l'air du pays, que de repasser de deça avec
des promesses grandes en apparence et qui se trouveront
rien ou peu en effect. Je lui avois remonstré que vous aviés
auprès de vous Madame qui ne se cachoit pas de vous tirer
et de sortir d'un pais où elle ne s'est jamais pleu : et que
si ils ne donnoient ordre de bonne heure à vous traicter
mieux que par ci devant ils auroient assurement le regret
de vous perdre, etc. Je vous abbregerois bien sa response
mais vaut mieux vous en mettre les propres termes. Après
vous avoir dit que je lui avois recommandé sur toutes choses
de tenir secret à vostre esgard, Monsieur, ce dont je l'ad-
vertissois d'autant que si cela venoit à vos oreilles que vous
m'en sçauriés mauvais gré. Voici donc ses termes que je ne
vous deguiseray pas : aussi supportés les comme escrites *(sic)*
à une personne qui ne vous en doibt rien communiquer. Si
vous me descouvrés jamais, ce que je ne crains pas, je
passeroys pour un fourbe si ce n'est que le bon dessein et le
fond de mon ame que D[ieu] connoist me put servir d'excuse : « Je vi la semaine passée nostre ami et disnay avec
» luy. Ses soulciers (?) estoient encores balafrés.[1] Il estoit
» sur le *De coma* qu'on croyoit un œuvre de 2 feuiles ; il
» viendra jusques à 15. Je voudroy que personne ne lui fit
» de telles demandes, car il s'arreste la dessus et arreste
» l'imprimeur. Il dit qu'aussi bien ne feroit il rien et qu'il
» fait cela en se jouant attendant sa pleine convalescence ;
» cependant il s'y donne à bon escient et laisse là le reste.
» Il promet neantmoins de faire commencer sa Milice avec[2]

---

[1] Phrase que je ne me charge pas d'expliquer, d'autant moins
que quelques mots sont de lecture douteuse. Faut-il lire *sourcils*
pour *soulciers* et croire que le mystérieux interlocuteur de Sarrau
avait une balafre sur le front ?

[2] *De re militari Romanorum liber. Opus posthumum* (Leyde, Jean
Elzevir, 1657, in-4°).

« le commencement de May ; Mais il faut dire si quelqu'un
» ne lui taille autre besogne. Quant à son *De Primatu* je
» crains qu'il le delaye [retarde] tant qu'enfin il vienne à
» rien. [1] C'est toucher la grosse corde et s'il ne le fait cela
» me fait craindre un autre dessein. *Habet magistram* [2] *ad*
» *eam rem improbam.* Je la trouve moins raisonnable que
» jamais : elle se plaist à mespriser tout de deça et proteste
» de n'y passer pas l'esté, qu'elle s'en ira plustot seule avec
» ses enfants. Je suis avec vous que ce qu'on lui donne est
» bien loing de ce qu'il lui faut : Et je ne desespereroy pas
» de pouvoir faire augmenter son appointement s'ils tesmoi-
» gnoient se plaire ici et taschoient de s'accommoder aux
» mœurs et humeurs dont je doubte fort pour elle. *Je ne lais-*
» *seray d'y travailler de tout mon pouvoir, et me garderay*
» *bien de vous mettre en jeu.* Il parle tousjours de son *de*
» *Primatu, De Pœnitentia vet.*, etc. Je voudrois qu'on n'en
» promit pas tant à la fois et qu'on donnast où il y eust plus
» à manger qu'à esplucher. Il a la commodité des Impri-
» meurs qui sont tousjours prests pour luy. Je le voy fort
» valetudinaire et crains que le meilleur de ses desseins
» n'avorte. S'il faut qu'il s'en aille j'en auray un extreme
» deplaisir et aimeroy mieux qu'il ne fut pas retourné. Il
» n'a fait estudier aucun de ses enfants et les destine à la
» guerre. Il n'y a lieu auquel ils puissent mieux faire ce
» mestier et y attendre plus d'advancement. Mais il faut un
» peu de patience. Je sçay bien que quoiqu'on luy promette
» de delà qu'il se trouvera trompé. S'il y a des amis puis-
» sants, il y a aussi de puissants ennemis. Dieu addressera le

---

[1] Le *De Primatu* était la machine de guerre contre le Pape dont
il a été question plus haut.

[2] Cette *maîtresse* était Mme de Saumaise qui, dans son ménage,
n'était pas une reine constitutionnelle, mais une souveraine
absolue.

» tout pour sa gloire. » Voila tout qui est bien assés et ne
trouve pas son discours ni raisonnement mauvais. Je
l'exhorte d'effectuer ce qu'il est puissant de faire : et qui
sçait s'il ne voudra point se piquer de bien faire pour vous
faire perdre la creance que vous avés de luy. Je veux tenir
ceste playe ouverte pour y toucher de fois à autre, seulement je vous prie de me cherir et de me croire comme je
le suis,

    Monsieur,

            vostre tres humble et tres obeissant
        serviteur.

    (sans date)

_____

¹ Bibliothèque nationale, fonds latin 10,350, fᵒ 180 Autographe.
— Il y aurait eu bien d'autres pages à prendre parmi les cent
lettres environ françaises ou latines (mais surtout latines), contenues dans le manuscrit 10350 ; j'ai été obligé, faute de place,
de me montrer discret. J'espère que M. le vicomte de Sarrau,
tenu à moins de réserve, voudra enrichir le recueil spécial dont
j'ai déjà annoncé la formation, de toutes les lettres françaises
inédites de l'ami de Saumaise, qu'il surnommait l'Hercule Gaulois,
avec analyse des lettres latines déjà publiées soit dans le volume
édité par Pierre Burmann (La Haye, 1714), soit ailleurs, et de
celles qui auraient conservé encore la fleur de leur virginité.
Puisque j'en suis aux vœux en faveur d'une publication _Sara-
vienne_ aussi complète que possible, j'ajouterai que j'aimerais à
trouver dans le recueil du descendant du très lettré magistrat
d'amples extraits de la correspondance qu'eut avec lui le docte
André Rivet (1641-1647), laquelle remplit deux volumes du fonds
français à la Bibliothèque nationale (nᵒˢ 2389 et 2390).

XXI

Au prince Ce Condé à l'occasion de la levée du siège de
Lérida (1647).

MONSEIGNEUR,

Il est bien ordinaire aux grandes ames de vaincre, mais
de surmonter la passion de vaincre, cela n'est deu qu'à Vostre Altesse. La valeur commence les héros, et la prudence
les achève. Votre voyage de Catalogne en est la preuve. Vous
avez trouvé beaucoup d'obstacles à Rocroy, à Thionville, à
Fribourg, à Norlingen, à Mardik et à Dunkerque, qui avoient
resisté à la grandeur de votre courage. Mais vous n'en aviez
jamais rencontré, qui eust si fortement combattu votre prudence qu'à Lérida ; et ce dernier siége nous a fait connoitre
qu'elle n'étoit pas moins invincible que votre valeur. Vous
n'aviez auparavant surmonté que les ennemis : elle nous a
fait voir en cette occasion, que vous vous sçaviez surmonter vous mesme. Il y a bien plus de gloire de vaincre celui
qui a toujours vaincu, qu'à triomfer des vaincus ; et à ceder
à la raison qu'à se laisser emporter à l'impétuosi'é d'un
grand courage.

Nous sçavons bien, Monseigneur, que dans cette conjonc-
ture Votre Altesse a plus souffert de gehennes secrètes,
qu'elle n'a senti d'aiguillons d'honneur en toutes les autres ;
et que votre valeur, que les plus grands perils n'ont jamais
pu arrester dans les ardeurs d'une vigoureuse jeunesse, ne
pouvoit ceder qu'avec peine aux mouvemens d'une prudence
consommée. Mais ayant fait voir dans un dessein egalement
important et douteux que vous etiez maisre absolu de vous
mesme, l'on peut dire qu'il ne manque plus rien à votre
perfection, puisqu'en donnant tout aux interêts, vous n'avez
rien osé à votre gloire particulière.

Nous vous élevons donc des trophées, Monseigneur, pour
un triomfe sagement differé, et publions qu'en cette ren-

contre votre teste s'est elle mesme couronnée, sans employer la force de votre bras. C'est,

Monseigneur,   de Votre Altesse

le très humble, très obeissaut et très fidèle serviteur

RANGOUSE [1].

XXII

Au cardinal Mazarin.

MONSEIGNEUR,

Depuis le depart de M. Delas [2], les consuls d'Agen ont fait

---

[1] Bibliothèque de l'Institut de France, collection Godefroy, portefeuille CCXV, copie non datée. A propos de cette lettre, qui ne me semble pas trop mal tournée, je rappellerai que le nom du signataire demeure attaché encore aujourd'hui à un domaine de quinze hectares situé à 2 kilomètres d'Agen, sur le bord de la route nationale d'Agen à Villeneuve-sur-Lot. C'était peut-être le berceau de notre homme. Rappelons encore qu'un Rangouze fut, en 1789 à Agen, un des électeurs de l'ordre de la noblesse pour les Etats Généraux, et que dans le registre IV du fonds Raymond, aux Archives départementales, on trouve un dossier sur les Rangouze « originaires de Villeneuve d'Agenais, venus à Agen au XVIIe siècle, seigneurs de Beauregard. » Voir sur un neveu probable de Pierre Rangouze l'épistolier, le *livre de raison de la famille Fontainemarie* (Agen, 1889, p. 465). Je note que Tallemant des Réaux (t. v. p. 5.) qui affirme que « Rangouse est d'Agen », donne à ce nom la forme qui lui est donnée au bas de la présente lettre.

[2] Voir sur cet officier, concitoyen de Godefroy d'Estrades et un des plus fidèles agents de Mazarin, une note à la page 37 de la *Relation de la défense de Dunkerque* (fascicule III de la *collection méridionale*, Bordeaux, 1875).

une élection toute contraire aux ordres du Roy et à ce que
je leur en avois escrit dont M. Delas luy en dira les particu-
laritez et ceux qui fomentent et protegent ces guaballes
(sic). Il n'a pas tenu à eus qu'il n'y aye eu plus de desordre
dans la province depuis que je y commande. Il est tout à
fait important que cette élection soit cassée, qu'on donne
un *veniatis* à ceus qui n'ont pas obey aus ordres du Roy
et qu'ils soit *(sic)* privez pour l'avenir du consulat. Il y a
deux consulz nommez Muci et Faure qui ont fort bien agi et
ont toujours maintenu qv'il falloit obeir aux ordres du Roy,
mais les autres l'ont emporté sur l'asseurance qu'ils ont donnée à toutte l'assemblée qu'ils avoient de bons protecteurs
qui fairoit *(sic)* agreer au Conseil ce qu'ilz faisoit *(sic)*, et
que je n'estois que pour deux jours dans la province, M. de
Saint-Luc revenant faire sa charge de lieutenant de Roy.
Vostre Eminence sçait mieux que personne combien il est
important de couper la racine de telles affaires, et qu'un
exemple prompt les faira cesser, ce que j'attendré de ses
ordres, comme estant,

Monseigneur,

Vostre très humble, très obéissant et très fidèle serviteur.

D'ESTRADES[1].

A Bordeaux ce 4 janvier 1655.

---

[1] Bibliothèque nationale, F. Fr. 11.633. Autographe. Dans d'autres lettres du même recueil, d'Estrades loue fort Barthélemy
d'Elbène, évêque d'Agen. Voici le *P. S.* d'une lettre au cardinal
Mazarin, du 5 octobre 1654 : « Comme j'estois sur le point de fer-
mer ceste lettre, Mgr l'Evesque d'Agen est arrivé, lequel, en presence de M. le premier president et de plusieurs de messieurs du
Parlement, a fait valoir si hautement les obligations qu'il avoit à
V. Em. non seulement de l'avoir remis dans ses bonnes graces,

XXIII

Au vicomte de Turenne.

À Londres, ce 29 aoust 1661.

Vostre lettre de 20 de ce mois m'a esté rendue, vous aurés veu par la copie de la lettre que je vous ay envoyée, tout
ce qui s'est passé à l'esguard des Ambassadeurs de Venise.
J'ay grand sujet d'estre surpris de la manière que le Roy a
pris ceste affaire, puis que les Veniliens n'avoit *(sic)* pas
donné avis de leur arivée à pas un Ambassadeur, mais à
vous parller avec liberié, quoy que je fasse de bien. je ne
reussiré pas dans ma négotiation : M. de Lionne[1] tient la
plume et M. le Surientendant dicte[2]: ainsi estant bien in-
formé de la mauvèse volonté qu'il a contre moy parceque je
n'ay pas voulu estre son valet et que j'ay trop d'honneur
pour m'estre donné à luy, ils torneront tousjours les affaires
d'une manière que le Roy me condannera comme il a fait en

---

mais encore de lui avoir accordé une commanderie pour son frère;
il s'en va à Agen en dessein de publier à tout le monde qu'il est
entièrement à Elle. » Rappelons, à ce propos, que le 20 juin précé-
dent, le comte d'Estrades, ayant fait son entrée solennelle dans
la ville d'Agen, fut complimenté par Mgr d'Elbène, à côté duquel
se trouvait le frère du comte, Jean d'Estrades, évêque de Condom.

[1] Hugues de Lionne, marquis de Berny, était ministre d'Etat,
depuis 1659 ; il allait devenir (1663) secrétaire d'Etat aux affaires
étrangères.

[2] Nicolas Foucquet était surintendant des finances depuis février 1653. D'Estrades, qui se plaignait tant de lui, allait être
vengé le lendemain même, pour ainsi dire, car ce fut le 5 septembre suivant qu'il fut arrêté à Nantes pour être emprisonné au
château d'Angers.

ses deus affaires[1]; où je crois avoir merltté, en la première
pour avoir donné un avis que j'estois assuré qu'il reussiroit,
et qu'il ne faloit que sçavoir nostre sentiment pour faire
finir ceste affaire, et l'auttre ayant mesnagé jusques au bout
les interets du Roy.

Je quitteré ce facheus discours qui m'a donné bien du
chagrin pour vous dire que j'ay veu deus fois M. Craf qui
m'a tesmoigné la bontté que vous avés pour moy dont je vous
reste infiniment obligé et vous suplie me la continuer croyant
la meriter par la forte passion que j'ay pour vostre personne. Il
faudroit peu de chose pour faire eschaper le Roy
d'Angleterre ; ce qu'il a sceu sur la décharge des canons à
Blaye le fache, mais ce n'est rien à l'esgual des discours
qu'on luy a mandé que le Roy avoit tenu de luy sur le fait
de ce qui s'est passé sur les Ambassadeurs de Venise.

Je l'ay mesnagé là dessus en sorte que s'il n'arive rien de
nouveau, je vous asseure qu'il en est bien reveneu. *Et à vous
dire le vray, je lui demandé permission de luy parller, non
comme Ambassadeur, mais comme M. de Turenne qui
estoit de ses veritables amis, il me dit en riant qu'il le vouloit
bien* ; je luy dis qu'il estoit plus ancien que le Roy ; ses
disgrâces luy avoit donné plus d'experience, et qu'ainsi il
faloit qu'il fust le plus modéré, et qu'il mist dans l'oubli tous
ses petits ressentimans qui au fons ne sont rien que ces
chaleurs d'un nouveau gouvernement, à quoy le Roy n'estoit
pas acoustumé[2]. Et que, pour les terminer tout à fait, il

---

[1] Ces particularités devront entrer désormais dans toute biographie du maréchal d'Estrades. On peut lire dans l'appendice du fascicule III de la *collection méridionale* (p. 96) une lettre de l'ambassadeur à Hugues de Lionne (22 août 1661) relative à ce que l'on appelle l'*affaire des Vénitiens*.

[2] Ce n'est plus seulement ici la biographie du maréchal, qui profite de clartés nouvelles, c'est aussi l'histoire des relations de la France avec l'Angleterre.

faloit decider le rang de preminance que les ambassadeurs
du Roy doivent avoir dans sa cour et que cella parroisse par
son authorité acompagnée de la justice.

Et qu'en suitte il renouvelle le tretté d'aliance avec la
France où touttes ses contestations de pêche etauttres points
seront compris et terminés à n'en entandre plus parller.

Il me respondit qu'il feroit ce qu'il doit et avec plesir à la
première occasion pour maintenir la preminance des ambassadeurs du Roy dans sa cour, et, pour ce qui est du tretté,
qu'il le desire avec passion et de terminer tous les differans,
n'en voulant aucun avec le Roy.

*Mais que dira M. de Turenne de ce que le Roy me lesse
seul soutenir la guerre de Portugal, sans me donner aucune
assistance d'argent par prest ou sous quelque autre pretexte pour ne rompre pas avec l'Espagne ?*

*J'ay bien des reproches à lui faire de m'avoir engagé par
ses conseils à ce mariage.*

*Je luy respondis que j'estois à presant Ambassadeur, et
que M. de Turenne estoit si esloigné qu'il ne sçauroit pas si
tost luy faire response.*

Et la conversation finit fort agreablement. Ce n'est pas
que je cognoisse bien qu'il est sansiblement touché de ce que
on ne le veust pas assister en France à soutenir la guerre de
Portugal et qu'il se trouve dans l'impossibilité de la faire,
n'ayant pas d'argent, et son Estat plein de guaballes, les
Presbiteriens fort mal satisfaits du restablissement des Eves-
ques, et parlent assés hautement de remettre le Convenan ;
il est aussi persuadé que le Roy se repantira un jour de n'a-
voir pas contribué à donner des affaires à l'Espagne, et que
s'ils' avoit eu en main une pareille occasion, il ne l'auroit pas
lessé perdre.

----

¹ *Sic.* D'Estrades, entraîné par le mouvement de sa phrase, oublie, en employant ce pluriel, qu'il vient de parler de l'Espagne
et non des Espagnols.

C'est un Prince qui a bon sans et beaucoup de meritte[1] et qui a une estime et une consideration très grande pour vostre personne.

Madame de Montpoullian[2] est morte en Hollande; dès que je l'ay sceu, j'ay retiré tous ses meubles et hardes chez moy, les parans viendrent le landemain pour se servir des effets, mais ils ne trouvèrent rien dans la maison. Je ne vous escris pas en chiffre parceque j'envoyee un de mes gens à Paris sçavoir de nouvelles de ma fame qui est malade[3], et je l'ay chargé de remettre le paquet entre les mains de Madame de Turenne à qui je me donne l'honneur de luy escrire, et la prier de le vous faire tenir avec sureté. *Vous m'obligerés de me mander l'estat des choses et vostre santimant que je suivré très ponctuelemant*[4].

D'ESTRADES.

---

[1] Voilà Charles II plus favorablement jugé qu'on ne le fait d'ordinaire et pourtant par un bon connaisseur.

[2] C'était la femme de Jean de Caumont, marquis de Monpouillan, troisième fils du duc de la Force.

[3] C'était Marie de Lallier, épousée en avril 1637, morte en janvier 1662. Voir sur l'amour dans le mariage du maréchal et de la maréchale l'*introduction* à la *Relation de la défense de Dunkerque* (p. 5-6) et sur les regrets que le comte d'Estrades éprouva de la perte de Marie de Lallier, la page 19 de cette même *introduction*. Ces regrets n'empêchèrent pas le maréchal de se remarier, en 1679, avec Marie d'Aligre, et de faire ainsi un second mariage plus riche et moins heureux que le premier, tellement riche que, selon le mot pittoresque de Mademoiselle de Montpensier, le septuagénaire « vendait bien sa vieille peau », mais si peu heureux que la cour et la ville s'entretinrent des longues querelles des deux époux.

[4] Collection d'autographes de feu le marquis de Queux de Saint-Hilaire, au château de Saint-Hilaire, près Soubize (Charente-Inférieure). On lit au dos de la main de Turenne :

6

XXV

A une dame.

Madame,

J'ay receu la lettre que vous m'avez fait l'honneur de

Suède, comte d'Estrades
du 29 aoust 1661
respondue

Au dessous, de la main de Raguenet, historien de Turennne, ces mots :

« Preuve que M. de Turenne a esté l'auteur, le moteur et le conducteur de toute l'affaire du Portugal, tant du costé du secours de France que de celui de l'Angleterre. »

Feu E. J. B. Rathery, à qui cette pièce appartint jadis, avait ajouté ces citations :

« Turenne, dit Ramsay, toujours porté à procurer du secours aux Princes malheureux, et qui, dans cet esprit, avait déjà travaillé au rétablissement de Charles II, roi d'Angleterre, prit aussi une part fort active aux négociations qui avaient pour but de rallier à la France l'Angleterre et le Portugal, au moyen surtout d'un double mariage, celui de Charles II avec Catherine de Bragance (1662) et, plus tard, celui d'Alphonse IV avec Marie Elisabeth, Françoise de Savoie, fille du duc de Nemours (1664). Le succès de la première de ces négociations, conduite à Londres par le comte d'Estrades, succès déjà pressenti par l'ambassadeur d'Espagne, le Baron de Batteville, fut la véritable cause, par suite du dépit qu'il en ressentit, des querelles pour la préséance dont il est question dans cette lettre et de l'insulte qu'il fit, quelques jours après (10 octobre), à notre Ambassadeur, insulte dont celui-ci obtint, du reste, une réparation éclatante.

L'abbé de Saint-Pierre parle ainsi de cette querelle, dans ses *Annales politiques* : « Si Watteville est un fou ; si d'Estrades est piqué, faut-il qu'il en coûte à la France cent millions et la vie de trente mille hommes pour dépiquer le comte d'Estrades, et pour raccommoder les traits de ses chevaux ? »

m'escrire; je vous assureré par celle cy que je ne perdré pas
d'occasion de servir M^r vostre fils en tout ce que je pourré.
Il est fort aimé et estimé de tous les officiers, et, en mon
particulier, je le considere comme un de mes enfans[1], et
vous prie de croire que je suis très veritablement,

Madame,

Vostre très humble et très obeissant serviteur,

D'ESTRADES[2].

A Vesel ce 29 aoust 1672.

XXVI

(Destinataire inconnu.)

A Paris, ce quatriesme avril.

Vostre lettre du 28 du passé m'a esté rendue. On ne peut
vous escrire rien sur les articles de vostre lettre parceque
l'on ouvre touttes les lettres[3]. Tout ce que je vous puis dire,
c'est que M. le marquis de Louvois[4] est bien intentioné pour

---

[1] C'était sous la plume du maréchal d'Estrades une gracieuse
formule. Il avait déjà écrit, le 1er juin 1649, à son compatriote
Pierre Dupuy qui lui avait recommandé son neveu : « J'en auray
le mesme soing que s'il estoit mon enfant. »

[2] Même collection.

[3] Le *Cabinet noir* est donc de tous les temps ?

[4] Le fils du chancelier Le Tellier était, depuis 1666, en possession du secrétariat d'Etat au Ministère de la Guerre dont la survivance lui avait été promise dès 1654.

faire oster les bureaux et conserver les privilèges de la ville[1],
que M. l'Intendant y travaille avec affection et que je m'y
employré en tout ce que je pourré.

Puisque la seson est trop avancée, il faut attandre de planter l'année prochesne.

Mandez moy si ce qu'on a planté prand[2].

Je suis à vous.

D'ESTRADES.

Vostre lettre du 31 vient de m'estre randue ; assurez-vous
que je feré tout ce qui ce pourra pour oster le bureau, et
pour le reste des choses dont nous avons parlé, mais il faut
se donner patianse et prandre le temps, car tout le monde
n'est pas d'accord ici sur ce fait. M. l'Intendant est très bien
intantioné, et c'est beaucoup, dans la circonstance où nous
semmes.

Il faudra attandre le mois d'octobre prochain pour planter
puisque la seson est trop avancée, mais on peut acomoder la
maison[3] selon vostre project[4], dont je seré bien aise[5].

---

[1] Probablement la ville d'Agen, car la lettre est adressée à
un compatriote, comme le prouve la phrase suivante relative
aux plantations à faire dans une des terres du maréchal, sans
doute dans la terre de Bonel, toute voisine de la capitale de
l'Agenais.

[2] N'a-t-on pas reconnu là le cri du cœur du propriétaire ?

[3] La maison de Bonel qui fut peut-être la maison natale de Godefroy d'Estrades.

[4] La lettre était adressée à quelque régisseur, à quelque homme
d'affaires.

[5] Même collection. Avant d'appartenir au marquis de St-Hilaire,
l'autographe était dans les mains de M. Judert.

XXVII

A Monseigneur Monseigneur l'Evêque de Vaison, à Vaison [1].

A Paris, ce 25 novembre 1659.

MONSEIGNEUR,

Je reste tres obligé du souvenir que Vostre Grandeur tesmoigne à l'endroit d'une personne si chetive que moy. Ses bontés me sont tres cogneues. J'eusse souhaité qu'elles eussent été un peu d'auantage secondées de Monseigneur le cardinal Barberin [2], et de son bibliothécaire, desquels je n'ay receu aucune response, ny memoire, touchant les œuvres de Saint-Maxime qu'il (*sic*) peuvent auoir. M. Holstein [3] me fait esperer beaucoup du Vatican; m'ayant fait un recueil fort exacte des pieces qui s'y treuvent outre celles que j'ay eu d'autre part. M. Vitray [4] apres auoir fait l'Eusèbe, de la composition de M. Valois [5] fait un peu d'aîte, et attend l'assemblée de l'année prochaine, pour tascher enfin de donner ce Pere. Je fais imprimer un petit ramas de sept ou huit vies

---

[1] Joseph Marie Suarès, un des plus célèbres antiquaires du XVII⁰ siècle, un des plus savants correspondants de Peiresc, fut évêque de Vaison de 1633 à 1666. Je m'occuperai prochainement de lui dans un fascicule de la petite collection des lettres adressées au procureur général de la littérature par ses doctes amis.

[2] Le cardinal François Barberini, neveu du pape Urbain VIII.

[3] L'humaniste si connu sous le nom d'Holstenius, qui fut bibliothécaire du Vatican après avoir été bibliothécaire de F. Barberini.

[4] Antoine Vitray ou Vitré, l'imprimeur auquel on doit la Bible Polyglotte en dix volumes in-fol. (1628-1642) et qui devint, sous le ministère de Colbert, directeur de l'imprimerie royale.

[5] On sait qu'Henri de Valois donna, outre l'édition d'Eusèbe, des éditions très estimées de Socrate, de Sozomène, de Théodoret, etc.

ou actes des Saints des plus antiens grec et latin; qui verra bien tost le jour. Je me suis donné la liberté de presenter à sa Sainteté la vie de Saint-Silvestre, pour estre tres antienne, d'un style grave, entierement conforme aux traditions Romaines, et sans ces défauts qui se treuvent dans celle que Lipoman et Surius [1] ont donné. Je prie Dieu de conserver Vostre Grandeur, comme celuy qui luy est,

Monseigneur,

Tres humble et tres obeissant serviteur et enfant de Jesus Christ.

F. François Combefis [2]

XXVIII

Au même.

Monseigneur,

Le soin que Vostre Grandeur prend de m'escrire, et de s'informer de moy dans toutes les occasions qui se rencontrent, m'obligeroit de me revancher en son endroit par une plus grande frequence de letres, si ma retraite et le peu d'habitude que j'ay avec le monde ne m'en dispensoit. J'ay aprins le bon accueil que Monseigneur le cardinal Barberin fait à

---

[1] Sur les hagiographes Louis Lipoman et Laurent Surius, voir le *Manuel du Libraire*, ce recueil dont on peut dire, en rajeunissant un cliché célèbre, que l'Europe nous l'envie, car quel instrument de travail est plus commode, quel guide est plus sûr? Désireux de faire *court*, je renvoie pour tous les auteurs ecclésiastiques mentionnés par Combefis à cet ouvrage qui résume tant de recherches et qui en facilite tant d'autres.

[2] Bibliothèque nationale, nouvelles acquisitions latines, 10 351, fol. 238. Autographe.

M. Bigot [1], et la bonne volonté qu'il temoigne de faire executer ce dont il a été prié à l'egart des œuvres de Saint-Maxime, il est vray que je souhaite fort ce qu'on m'en fait esperer de Rome, pour faire un ouvrage parfait et le faire au plutot dans l'incertitude de la vie [2]. Je croy qu'il sera long temps à voir le jour, si je viens à manquer. J'avance fort mon autre ouvrage et espere dans cinc ou six mois de le voir parfait. Il est fort attendu pour la commodité qu'on en espere, soit pour la quantité, varieté et nouveauté des pieces, soit pour le travail et la correction. Vostre Grandeur m'avoit fait esperer quelque petite piece des siennes, comme de Saint-Silvestre, je serois ravy de les avoir εἰς μνημόσυνον et pour l'estime que je fais de ce qui sort de sa plume ; priant Dieu la conserver, comme celuy qui luy est,

    Monseigneur,

          Tres humble tres obeissant et tres obligé
            serviteur et enfant en Jesus Christ,

                F. FRANÇOIS COMBEFIS.

Le bon seigneur Allatius [3] a assés de bonne volonté. Je conçois son infirmité à raison de son grand aage [4]. Il seroit

---

[1] L'helléniste Emery Bigot dont mon ami M. Em. Du Boys recueille la si vaste et si importante correspondance. J'espère que l'on n'aura pas à dire de ce précieux recueil ce que Combefis va dire d'un ouvrage qu'il préparait : « Je croy qu'il sera long temps à voir le jour. » — M. du Boys est mort depuis que ces lignes avaient été écrites et son beau projet est mort avec lui.

[2] Le bon P. Combefis ne s'est pas assez méfié du mot *faire*, un des verbes les plus dangereux qui existent.

[3] Leo Allaci fut, en 1661, le successeur d'Holstenius comme bibliothécaire du Vatican. La liste de ses ouvrages est presque interminable.

[4] Allatius, né à Scio en 1586, était plus que septuagénaire.

à souhaiter qu'il peut fortement refuter les actes du Concile
de Florence imprimés à Londres et l'impudence de celui qui
les a donnés qui a renchery sur la passion de l'autteur
contre l'Eglise catholique et romaine[1].

XXIX

A Monseigneur Monseigneur l'Archevesque de Tolose, rue du
Colombier, au faubourg Saint-Germain [2].

MONSEIGNEUR,

Ayant ouy ce que Vostre Grandeur m'a dit qu'elle étoit en
peine de la fin du grec du Traicté du Psellus que je luy avois
faict voir, croyant l'avoir esgaré, j'ay songé ce que ce pourroit estre, et ne me suis trompé, sçavoir que cete fin seroit
jointe au commencement de quelque autre traité du même
auteur qui me seroit resté. J'envoy donc cete fin, avec l'épi-
tre de Psellus à l'empereur Monomade comme aussy le pane-
gyrique de Michel Cabularius, qui est si mal traité dans l'o-
raison au Synode. J'ay quantité d'autres pieces de meme etofe
du meme Psellus de chez Monseigneur le Cardinal [3], comme
les panegyriques de Constantin de Aychudes, patriarche, et
de Xiphilin, avec grand nombre d'épitres aux empereurs,
despotes, patriarches, et autres personnes de marque, et de
choses fort historiques et politiques ; aussy est-il vray que
durant trois ou quatre empereurs, le Psellus a été non seu-

---

[1] *Ibid.* fol. 236. La lettre n'est pas datée, mais j'estime qu'elle
est par sa date très rapprochée de la précédente, comme elle en
est rapprochée dans le manuscrit de la Bibliothèque nationale.

[2] Pierre de Marca.

[3] Le cardinal Mazarin, à la collection duquel Gabriel Naudé
avait procuré tant de beaux livres et de précieux manuscrits.

lement ὥνδιον φιλοσοφων, mais aussy των ποφιιωυμενων jusques
à l'envie meme pour laquelle il a été obligé de se defendre,
aussy bien que le procedé des empereurs en son endroit,
qui l'avantagent si fort. étant d'assez bas lieu. J'avois veu
[pour voulu] faire un volume de la suite de Theophanes et de
ce que j'ay du Psellus qui est comme la continuation de la
meme suite, et le dedier à son Eminence comme venant en
partie de chez luy. Il témoigne que cela le flateroit, mais il
faudroit qu'il en chargeat plus expressement M. Cramoisy [1].
Il témoigne qu'il va commencer le Procope qui ne tiendra
pas moins de deux ans dans le train que l'impression du
Louvre et ce qui regarde l'histoire bizantine va. Je n'y sçaurois faire autre chose, et il en sera ce qu'il plaira à Dieu, le
priant conserver Vostre Grandeur comme celuy qui luy est

Tres hvmble et affectionné serviteur et enfant,

F. FRANÇOIS COMBEFIS [2].

XXX

A Monsieur, Monsieur Huet, à Caen [3].

A Paris ce 27 fevrier 1664.

Monsieur, sur les ouvertures que m'a fait M. Bigot tou-

---

[1] Sébastien Cramoisy, alors directeur de l'imprimerie royale du
Louvre.

[2] Autographe qui, si mes souvenirs sont fidèles, appartient à la
collection de la Bibliothèque nationale dite Armoires de Baluze.
La lettre n'est pas datée, ayant été portée au destinataire le jour
même où elle fut écrite. Elle est antérieure au mois de février
1662, où l'archevêque de Toulouse devint (pour si peu de temps),
archevêque de Paris.

[3] Daniel Huet qui devint membre de l'Académie Française dix

chant vostre travail sur Origene[1] j'ay recenilly ce que la chène
sur la genese m'a peu fournir de ce qui le touche.Si nous en
pouvions avoir autant sur le reste de l'Ecriture la chose seroit considerable. J'ay marqué à la marge ce qui a de chaque ms. et où la sentence est commune je n'ay rien marqué.
Les versets aussi y sont marqués, et il est necessaire afin
que le lecteur voye à quoy chaque sentence se rapporte. La
chène du Vatican que j'ay eue de Mgr l'evesque de Montpe-
lier[2] est la principale et la plus remplie. Elle est seulement
de la Genese. Celle de feu M. le cardinal Mazarin est de tout
le Pentateuque mais il y a peu d'espace après la Genese.
Mgr le chancelier[3] en a une sur le Levitique qui commence
par un peu d'Origene laquelle possible nous pourrions avoir
par le moyen de M. l'abbé Coalin (sic)[4]. Je ne l'ay pas veue
et ne sçay ce qu'elle pourra contenir. Si vous aviez parcouru
la chene du Roi sur les Pseaumes pour la confronter avec
celle de Cardernis et en tirer ce qui est d Origene ce seroit
beaucoup d'avance. Elle est très belle et très remplie. La
chene in Lucam sur les premiers chapitres est chez M. le
cardinal Mazarin bien plus remplie que celle qu'a eu Cardernis

_____ _____

ans plus tard et évêque d'Avranches en 1689. Il avait 34 ans quand
il reçut cette lettre. Voir dans ses *Mémoires* traduits par Charles
Nisard ce qu'il dit de Combefis et aussi de la plupart des écrivains de l'Agenais, ses contemporains.

[1] Huet publia en 1668 *Origenis commentaria* (2 vol. in-f°).

[2] François Bosquet, l'ami de Marca, l'ami aussi de Combefis,
car nous lisons dans le livre de l'abbé Henry sur le savant prélat
(1891, p. 483): « Les dernières années de sa vie furent marquées
par une correspondance des plus actives avec le P. Combefis. »

[3] On sait quelle était la richesse de la Bibliothèque du chancelier Séguier.

[4] Pierre du Cambout de Coislin, neveu du chancelier, successivement abbé de St-Victor, premier aumônier du Roi, évêque d'Orléans, cardinal.

et celle qu'a eu saint Thomas pour sa chene d'or. Mes occupations pour le S. Maxime et autres ne me permettront de
faire tout ce que je souhaiterois pour ayder vostre dessein.
Je vous prie me faire [savoir] en quoy je puis vous servir et
croire que je suis, Monsieur, etc[1].

XXXI

Au même.

De Paris ce 8 may 1664.

Monsieur. J'ay esté si longtemps à vous escrire attendant
le retour du P. Penon nostre vicaire general pour apprendre
un peu plus en particulier l'estat de vostre Origene et voir
quelle resolution je devrois prendre pour les extraits du
mesme sur l'écriture en forme de catene. Les personnes qui
aiment les lettres et l'antiquité voudroient bien que je m'en
chargeasse à vostre defaut à raison que l'occasion estant une
fois eschappée elle ne reviendra plus. J'ay sur l'Exode outre
ce que je vous ai envoyé sur la genese Le reste de l'Epta-
teuche est chez feu M. le cardinal Mazarin. Je crois
qu'avec un billet de M. le P[remier] President[2] je pourrai retirer le ms. Il est vray que le reste de la chene est leger.
M. l'abbé Coalin avec M. Fromentin feront leur possible
pour me faire avoir sur le Levitique chez Mgr le chancelier.
Je ne sçay si vous avez conferé sur les Pseaumes du ms. du
roy avec l'imprimé de Cordier. Ce seroit beaucoup d'avance.

---

[1] R. biblioteca Mediceo Laurenziana, à Florence. Collection
Ashburnham-Libri. Autographe.

[2] Guillaume de Lamoignon était premier président du Parlement
de Paris depuis 1658.

Je me fie peu audit père qui a fort peu entendu le grec.
Pour l'Evangile de S. Jean on ne sait qu'est devenu la chene
de M. du Harlay evesque de Saint Malo[1] de laquelle M. Aubert[2] a enrichi son edition de S. Cyrille qui estoit bien autre
que celle qu'a donné le P. Cordier. Outre ce qu'il y a dans
Tillerius sur Jeremie et dans la chene sur Job je ne sçay s'il
y aura autre chose sur le vieux Testament. La chene sur
Esaie n'est que sur les premiers chapitres, la plupart tirée
de S. Basile et avec cela le ms. est fort gaté et chez M. le
cardinal Mazarin. Je vous donnerai quelque partie de mon
temps si vous m'en jugez capable. S'il y a quelque chose à
aschever ce sera à vous d'y mettre du vostre. Il vous est plus
facile qu'à quelque autre que ce soit de juger de l'importance
de la chose et s'il faut tout de bon y mettre la main. Le
moins que vous ayez les choses assez ramassées il seroit
malaysé d'en venir à bout dans le tems que vous desirez.
J'attans vostre responce et demeure à toujours, etc[3].

XXXII

*A Monsieur Monsieur Huet chez Maistre Berthelin mar-
chand libraire rue aux Juifs proche du Palais, à Rouan.*

De Paris ce 4 novembre 1664.

Monsieur, pour respondre à la vostre touchant nostre catène je vous dirai que j'en suis deja bien avant. M. Berthelin

---

[1] Le fils du baron de Sancy, Achille de Harlay qui fut ambassadeur en Turquie avant d'être évêque de St-Malo.

[2] Jean Aubert, professeur au collège de France, très souvent
mentionné dans les tomes II et III des *Lettres de Peiresc aux frères Dupuy.*

[3] Même collection.

marchand libraire a veu ce que j'en avois mis en estat et collige
de ce qu'il a veu et de ce qui peut rester qu'elle fera un volume, qui n'aura guére moins de deux cens feuilles. Et comme
ce sera un appendix et un tome séparé j'ay creu qu'il ne
seroit mal d'y faire une table à part. Je loue vostre exactitude pour ce qui est de la ponctuation et des capitales. Mon
Grec neamoins va droit à la façon qui est aujourd'hui la plus
usitée, sçavoir avec le point entier et le point renversé qui
fait le demy point avec les virgules. Pour les capitales je
m'en sers et au commencement mettant le texte sur lequel est
l'exposition et au commencement de la mesme exposition
comme aussi au commencement des citations avec la virgule
auparavant ainsi qu'on a gardé à l'edition de S. Augustin,
aux noms propres, etc. Il seroit bien malaysé de changer
tout cela. La chene etant comme de moy, le blame aussi en
sera n'ayant suivi vostre exactitude. Les imprimeurs auront
beaucoup de facilité suivant exactement ma copie ainsi
qu'elle est dressée ; autrement ils auront assez de peine ou
celui qui dirigera et prendra soin de la correction. Tout ce
qui est dans les ms. et mesme les meilleurs ne nous lie
pas. Ceux qui sont des plus antiens et des mieux corrects
vont tout d'une suite sans separation des mots ny quasi des
périodes dans l'intérieur ainsi que des psautiers du Roy duquel je me suis servy et en ay tiré de belles choses. M. l'abbé
Fromentin m'a promis d'employer tout le credit de M. l'abbé
Coalin [Coislin] pour tacher d'avoir ce qui se trouvera chez
M. le chancelier. Je ne sçay si cet effort reussira. Quoiqu'il
en soit nostre catène ne restera pas sans cela d'estre considerable. Je ne sçay si vous avez veu la catene qui est au collège de Clermont sur les petits prophétes. M. Vossius[1] me

_____

[1] Isaac Vossius, digne fils de Gérard Jean Vossius, fut tour à
tour hollandais, suédois, parisien, anglais. Il mourut chanoine de
Windsor, ayant été successivement l'objet des libéralités de la
reine Christine, de Louis XIV et de Charles II.

tesmoigna qu'elle estoit fort belle. S'il y avoit quelque chose
d'Origene vous l'auriez avec plus de facilité que moi. Celle
du Roy sur les mesmes prophetes n'est composée que de
l'exposition de Theodoret et des scholies d'Hesychius. Je
n'ay aussi rien sur Isaïe bien que j'aye parcouru trois ou quatre catenes, je n'ay rien veu qu'un lieu dans une de celles du
Roi que j'ay mesme laissé eschaper. Je m'en suis rapporté
au soin que vous avez pris pour le Nouveau Testament. Je
vous prie de m'escrire si l'on a recherché le tout exactement
sur S. Paul duquel il n'y a qu'un lieu ou deux dans nostre
copie Pour les préfaces sur les Evangiles elles ont eté
transcrites. J'ai copié l'Hippolyte sur le chapitre de Daniel
qui contient l'histoire de Suzanne. Il me semble que cette
exposition en forme de catène ne seroit pas mal après
l'epitre d'Origène ad Africanum pour estre de mesme matière et pour ce qu'il y a beaucoup à apprendre dans la
comparaison qu'il fait de Suzanne avec l'Eglise dans l'estat
qu'elle estoit dans ce temps savoir dans la persécution et
dans les embusches continuelles des Juifs et des Gentils, à
Paques et dans la celebration des mystères et aux assemblées
qui se faisoient sur ce subject. Ce seroit peut estre quelque demi feuille. Du reste je n'ay rien d'Origène sur Daniel.
L'epistre ad Africanum a esté donnée en latin par Paulus
Caltrius espagnol qui peut passer inter eruditos, vous pourrez l'avoir veue. Dans ces deux moys j'aurai fort avancé ce
qui me reste à faire. Je suis de tout mon cœur[1],

        Monsieur, etc.

----

[1] Même collection.

XXXIII

Même adresse.

De Paris ce 9 decembre 1664.

Monsieur. Sur la difficulté que vous fait M. Berthelin touchant la grosseur de la catène laquelle j'ay ramassé, je vous diray qu'ayant conté les pages de ma version ne me restant plus que sur S. Jean qui ne sauroit aller bien avant je ne trouve pas qu'elles aillent à 400 en nombre et je ne crois pas que la plupart remplissent une page d'impression ; aussi le tout n'aura guère plus loin de cent feuilles ; ainsi il ne faut pas prendre si fort l'espouvante. Vous avez veu la copie que je vous avois envoyée à Caen et pouvez juger de celle-ci qui peuvent [ce que peuvent] faire mes cahiers. La feuille est pliée en quatre. Pour ce que j'ay marqué à la marge outre les citations il sera aisé de le laisser puisque vous vous estes imposé une loi laquelle je ne m'imposerois pas [un mot illisible] dans Paris. Il fauldra les laisser dans la copie affin qu'apres que vous vous en serez servy pour vos prolégomenes j'en puisse faire quelque petite note avec ce que je pourray adjouster et que la marge ne pouvoit assez souffrir. Je ne croy pas que ce que je feray passe une feuille ou deux au plus. M. l'abbé Coalin ne peut rien obtenir de M. le chancelier [1] ; aussi ma penssée estoit qu'il faloit qu'il prit comme pour lui ledit ms. au moyen de M. l'abbé Fromentin. Il mourra sans avoir l'honneur que ce ms. lui pourrait apporter s'il en usoit autrement. Celui des RR. PP. jésuites que j'ay veu ne nous peut rien servir.

---

[1] Savait-on que le chancelier Séguier fut un aussi jaleux bibliophile et qu'il fut assez maladroit pour se priver d'une des meilleures joies de ce monde, la joie d'obliger un bon travailleur ?

Le texte est très beau, mais seulement litéral et tiré des
exemplaires qui avoit été confesré avec les exemples, mais il
y a très peu de scholies et la plus part sens le nom de
l'autheur ; au reste si difficiles à lire qu'il vaut mieux s'en
passer, outre que je n'y ai rien veu qui porte le nom d'Origène. Il contient tous les prophètes. Le lieu chez l'Eusta-
thus de M. Allatius que vous m'avez indiqué est un peu
long ; il seroit plus avec la refutation du mesme père qui vous
sembleroit neanmoins estre meilleure que la [mot illisible.]
Vous me direz ce qu'il y aura à faire etc[1].

XXXIV

Même adresse.

De Paris ce 7 janvier 1665.

Monsieur, Je suis après à revoir ma catène et y faire quelques notes qui pourront faire six ou sept feuilles ; cela ne
nuira en rien aux vostres qui sont *in alio genere* et en forme
de lieux communs. Les miennes ne sont que dans la rencontre pour expliquer quelque chose qui semble en avoir
besoin soit erreur ou autre chose. J'ay deja bien avancé. Je
feray ce que vous voudrez ; ou vous envoierai une partie de
la catène ou attendré pour vous l'envoyer entier sur la fin
du mois dans lequel [j'espère] avoir achevé. Vous y rencon-
trerez beaucoup de choses pour remplir et fortifier vos
lieux communs. Je ne feray pas de preface, mais seulement
diré [pour dirai] au commencement des notes comme j'ay en-
treprins de faire et glaner pendant que vous estiez occuppé
aux choses plus importantes qui regardent l'Origène de

---

[1] Même collection.

vostre agrement. Aussi toute la preface sera vostre. Il ne
me restera aux marges que CV numeros des citations et
quelquefois par ci par là quelque mot pour indiquer ce qui
est contenu quand la chose le demande ; ce qui ne chargera
les imprimeurs et ne rendra l'ouvrage difforme. Je crois que
cela ne sera inutile et desire qu'il en soit ainsi j'attens votre
response ; autrement j'attendray de vous envoyer le tout. Je
suis, Monsieur, etc[1].

XXXV

A Monsieur Monsieur Huet vis à vis de S. Jean, à Caen.

De Paris ce 6 fevrier 1665

Monsieur,

Je mis hier mon petit travail sur Origène entre les mains du
messager Osmon. Il partira dimanche. Je vous prie avoir soin
de le retirer. Les defauts qui se trouveront dans iceluy feront qu'on fera plus de cas du vostre. Il y a d'assez bonnes
choses et qui sans faute sont d'Origène. Les plus douteux sont les catènes du Roi sur S. Matthieu et sur
S. Luc que vous avez fait transcrire. Aussi n'y ai je pas mis
tout sur le texte et les remarques. Je crois qu'on ne sçauroit faire autrement sans les confondre. Je n'ay pas mis le
livre qui est dans S. Basile, il est plus propre que nos disserta-
tions estant une censure d'Origène plus tôt qu'autre chose,
indicant deux ou trois lieux dans lesquels il a esté comme
forcé par la coutume de parler [un mot illisible]. Je vous
souhaite la santé pour avoir vostre ouvrage achevé comme
celui qui se dit etc[2].

---

[1] Même collection.
[2] Même collection.

7

XXXVI

Même adresse.

De Paris ce 9 mars 1665.

Monsieur, je suis aise que mes cayers vous soit (*sic*) esté rendus. Sur la difficulté de la copie et des renvois que vous faites j'ay de la peine de croire que cela incommode beaucoup les imprimeurs. M. Berthelin lui-mesme et son frère ne trouvèrent pas ma copie mauvaise; dans Paris, il n'est pas d'imprimeur qui ne se contente de ma copie et de mes brouillons et ils peuvent en avoir fait assez d'essai après onze ou douze volumes in folio sans les quarto et octavo. Que les imprimeurs de Rouen soient autrement que ceux de Paris, je ne saurois le croire d'autant que souvent ce sont les mesmes compositeurs qui ont travaillé là qui travaillent ici. Ce qui me peine c'est pour le correcteur. J'espère neanmoins qu'estant exercé sur vostre travail il aura plus de facilité pour le mien. Pour les renvois il n'y en a pas au latin qui est assez de suite, de mesme que le grec, si ce n'est sur le Psautier et sur Jérémie à raison des diverses catenes dont il a esté extrait. Le memoire que j'ay dressé marque assez exactement la suite et dans quel cayer il faudra prendre chaque texte pour le mettre en son lieu. S'il faloi faire un tour jusqu'à Rouan au commencement de l'impression j'estime que j'aurois assez tost rendu capables les compositeurs et le correcteur. Pour les marges outre les lieux qui y sont marqués et l'endroit dont est prins le texte, il n'y reste pas beaucoup et je ne voys pas de catenes imprimées dans lesquelles il n'y en ait davantage. Si neanmoins quelque chose vous semble superflue vous la pourrez retrancher. J'en userai à ma façon ou je serai du tout maistre de mon ouvrage. Quelque peu de diversité dans un ouvrage qui doit seulement accompagner le vostre ne lui peut pas beaucoup nuire et il en est comme des visages. Il y aura toujours quelque diversité et mes defauts releveront la perfection de vostre ouvrage. Je vous envoierai mes extraits à la première occasion. Je suis de tout mon cœur, Monsieur[1] etc.

XXXVII

Même adresse.

De Paris ce 7 avril 1665.

Monsieur, je souhaiterois qu'il fut en mon pouvoir de mettre ma copie dans l'estat et la netteté que vous voudriez qu'elle fust. J'espère qu'ayant mis en train les imprimeurs ils n'y auront pas beaucoup de dificultés. Une page libre ou un cayer tout le reste estant de mesme et le charactère fort égal ils s'en pourront assez défendre et c'est ce qui fait que ceux de Paris aiment mieux mes brouillons que des copies meilleures et plus nettes. Pour le reste que vous demandez il en sera ce que vous voudrez. Je serois marry de nuire à la beauté de vostre ouvrage par mon accessoire. Je vous envoyerai sans faute vos extraits que vous aurez soin de retirer, et cecy sera vostre lettre de creance. M. Berthelin est bien long à se resoudre après la parole qu'il m'a donnée. Je laisse le reste à vostre prudence, pandant que je suis de tout mon cœur

Monsieur, vostre très humble serviteur,

F. FRANCOIS COMBEFIS[2].

---

[1] Même collection.
[2] Même collection.

XXXVIII

Même adresse.

De Paris, ce 10 avril 1665.

Monsieur, ce petit mot est seulement pour vous donner avis que j'ai mis vostre petit livre qui contient vos extraits entre les mains du messager qui partira Dimanche. Je vous prie avoir soin de la (*sic*) retirer. Vous trouverez dedans une lettre pour repondre à la votre que je croiois vous envoyer par la poste si par mesgarde elle n'eut esté enfermée dans le pacquet. Je suis de tout mon cœur,

Monsieur, etc [1].

XXXIX

Même adresse.

Monsieur,

Les autheurs que j'ay à donner sont : la suite du Theophane [2] faite par l'ordre de Constantin fils de Basile par un autheur qui a teu son nom et qui a inseré dans son ouvrage la vie de Basile faite par le mesme Constantin. Ce qui suit jusqu'à Basile le jeune semble être d'un autre auteur moins travaillé que l) premier ;

Le Logotheta qui est Metaphraste pour le mesme temps. Il

---

[1] Même collection.

[2] Rappelons que Combefis qui avait enrichi de ses notes la *Chronographie* de Théophane donnée à la Byzantine du Louvre par Jacques Goar (1655) publia, en 1685, un volume de la même collection intitulé : *Historiæ Byzantinæ scriptores post Theophanem.*

a fait *ab orbe condito* et je l'ay copié d'un autre manuscrit où il va ainsi entrer, mais je n'ay pas creu qu'il fut à propos de le donner ne disant guère que ce qui se peut voir dans l'Eusèbe, le Cedrenus, etc.

Leo Diaconus [1], depuis Basile le jeune jusques après Joannes Tzemies ; Après Michael Psellus jusques à Betoniates. Ce dernier est plus ataché à ce qui est de la cour et de la succession des empereurs qu'aux choses memorables qui sont arrivées pendant ce temps. Sont deux autheurs qui ont esté dans les affaires. Par occasion dans la rencontre des batailles ou des prinses de villes il s'y treuvera quelque chose qui pourra donner quelque lumière à la geographie ainsi qu'aux autres historiens.

Pour savoir le temps que cela sera fait, la chose ne dependant pas de moi, je n'en puis rien avancer. Si l'on n'eut discontinué, l'impression seroit bien avancée. Il y a ordre de reprendre et on ne l'a pas encore executé. On va commencer le Zonare de M. du Cange [2] et il est malaisé que l'un n'empesche l'autre. Il seroit à souhaiter que mon ouvrage fust fait devant le sien, par ce qu'il luy pourra beaucoup servir.

M. Coutelier [3] me tesmoignoit qu'on pourroit lire de la bibliotheque royale quantité de pièces appartenant à l'histoire dont on pourroit faire un volume. Mais il faudroit avoir plus de moyen et de facilité pour entreprendre de les travailler et quelque douceur ou amorce pour se donner du courage. Le travail est trop ingrat pour s'en mettre trop en peine.

C'est ce que je puis marquer pour le present. Je suis très obligé au reverendissime abbé Vlach qui m'a fait tenir des

---

[1] La chronique de Léon Diacre n'a été publiée qu'en 1819 par les soins du grand helléniste Charles Benoit Hase (imprimerie royale).

[2] Le Zonare de du Cange parut en 1686-87 (2 vol. in-f°).

[3] Jean Baptiste Cotelier, éditeur des *Patres ævi apostolici* et des *Monumenta ecclesiæ græcæ*.

pièces de S. Maxime estant à Venise. Je voudrois le pouvoir recognoistre et qu'il fut en pays dont on pût avoir plus de communication.

Je serois aussi ayse de savoir des nouvelles de vostre Origène et si nous pouvons espérer de voir [cette œuvre] si attendue bientost au jour. Je serois ayse d'avoir ce qu'il y est ramassé, s'il n'y a pas apparence de voir si tost la chose faite. Nous sommes tous mortels [1].

———

[1] Même collection. — Cette lettre si curieuse au point de vue bibliographique et où le programme dec travaux de Combefis est complet, ne porte pas de date, mais comme le vaillant éditeur y demande des nouvelles de l'*Origène* de son correspondant, on voit qu'elle est antérieure à l'année 1668.

J'ai trouvé à la Bibliothèque nationale (Recueil Thoisy, xxvi, in-f°, page 274 *bis*), la lettre circulaire, ce qne nous appelons aujourd'hui assez singulièrement *lettre de faire part*, où était annoncée la mort de Combefis. La voici :

†

Requiescat in pace.

Vous estes priez tres humblement de la part du Pere Prieur, et des Religieux Jacobins reformez du Couvent de la rue St-Antoine, de recommander à Dieu dans vos saints sacrifices, ou dans vos prières et devotions, l'ame du R. P. François Combefis, professeur en theologie, Religieux du mesme couvent, et employé depuis plus de trente années par Nosseiseigneurs du Clergé de France à revoir, interpreter et donner au public les ouvrages des S. S. Peres et l'histoire de l'Eglise grecque; qui y deceda jeudy 23 de ce mois en sa soixante et quatorzième année, après avoir vécu 55 ans dans la Religion avec beaucoup d'edification, receu devotement les Sacremens de l'Eglise, et mis au jour plusieurs beaux ouvrages pour la gloire de Dieu et le bien de l'Eglise. Son corps sera enterré dans l'eglise du mesme couvent des Jacobins reformez de la rue St-Honoré, ce jourd'huy vendredy 24 mars

XL

A Conrart[1].

Ce dimanche soir.

On aura tort, Monsieur, de se plaindre de ce que je n'ay

1679 sur les quatre à cinq heures du soir, où vous estes pareillement invitez de vous trouver, s'il vous plaist.

A la suite de ce document (274 *ter*) figure un éloge imprimé de Combefis en trois pages in-4°. J'en citerai seulement quelques lignes :

†

Admodum reverende pater prior.

Pia dum hesterna die meditaremur et inscrutabilia Dei ad hominem venientis mysteria...... Nec enim tantam hanc arbitramur nobis conventui que nostro vel provinciæ singularem viri jacturam, sed Ordini, sed Ecclesiæ communem universæ, quaque late patet orbis, omnibus christianæ pietatis et eruditionis amantibus, quibus Combefisii nomen venerandum erat et sanctum, quibus virum appellasse, laudasse fuit. Quis enim ereptum nobis ordini et Ecclesiæ non dolent hominem adeo necessarium... (Ici énumération des travaux de Combefis, puis minutieux détails sur ses mœurs : somni cibi que parcissimus erat. A mulierum consortio, ut a vino, cupediis, scurrilibusque et otio semper abhorruit, etc.)

E conventu nostro Parisiensi fratrum ord. Prædicatorum SS. Annunciationis B. Mariæ Virg. via ad S. Honorat. VII kalend. Aprilis. Humillissimus vester obsequentissimus que frater et conservus in Domino.

F. Dominicus Le Brun, humilis prior.

---

[1] Valentin Conrart, le premier secrétaire perpétuel de l'Académie française.

pas rapporté le passage de Jean de Damas tout entier,
comme M. Arnaud [1] le rapporté et l'examine en cette forme
dans le lieu que vous me marquez parce que ce passage
m'ayant esté allegué par l'auteur de la Perpetuité [2], je n'ay
deu le rapporter pour y repondre que dans la forme qu'il
m'avoit esté allégué par cet auteur, et dans les egards precisement qu'il pretendoit luy estre favorables. On ne peut
exiger avec justice d'un repondant que cela ; Or c'est ce qu'on
trouvera que j'ay fait, si on veut confronter la page 184 du
Traité de la Perpetuité avec la page 277 de mon livre, edition première. Ainsi ma reponse est exacte, et l'on ne sauroit dire que j'aye tronqué se passage, puisque j'ay rapporté
les mesmes clauses contenues dans l'objection que j'examine.
S'il y avoit lieu de se plaindre, ce seroit de l'auteur de la
Perpetuité de n'avoir pas proposé son objection dans toute
sa force, mais non de moy, qui n'ay fait que le suivre, comme
un repondant doit faire. Quant à M. Aubertin [3] si on prend la
peine de le voir, page 94, on trouvera qu'il rapporte de Jean
de Damas tout ce qui peut avec quelque apparence servir à
l'Eglise Romaine. Car il marque le terme de transmutantur

---

[1] Antoine Arnauld, surnommé le grand Arnauld.

[2] Claude aurait pu dire *les auteurs*, car Nicole aida beaucoup
Arnauld dans la composition de *La perpétuité de la Foi sur l'Eu-
charistie* (1669-1672, 3 vol. in-4°).

[3] Edme Aubertin était un théologien calviniste mort à Paris
en 1652. Voir sur ses ouvrages, comme sur ceux de Claude,
La France protestante. J'aurais bien voulu imprimer, auprès de la
lettre de Claude, quelques pages d'un de ses contemporains, compatriotes et collègues, Mathieu de Larroque qui, comme Claude
encore, fut un des plus estimables adversaires du grand Bossuet.
A défaut de ces pages tant cherchées à Rouen comme à Paris, je
vais imiter Madame de Maintenon quand elle n'était que la pauvre Madame Scarron et quand elle remplaçait pour ses convives

sur lequel on établit le sens de transsubstantiation, il marque la cause ou la vertu par laquelle se fait ce changement,
qui est le S. Esprit, il marque enfin l'effet de ce changement
qui est que le pain et le corps ne sont pas deux corps mais
un seul et le mesme qui est au Ciel. Le reste du passage
que M. Arnaud a mis en avant ne donne aucune force plus
grande à l'objection, car cela n'aboutit qu'à faire voir que la
parole de J. C. est assez puissante pour faire ce changement.
ce qu'il prouve par l'exemple de la Creation et par Celuy de
l'Incarnation. Or ne s'agissant dans la discussion du passage
que de savoir si Jean de Damas a entendu parler d'un changement de substance ou non, la consideration de la puissance
de Dieu et celle des exemples qu'il allègue pour le prouver
estoit inutile à M. Aubertin, parceque cette mesme puissance
surnaturelle est également requise au changement que
M. Aubertin attribue à Damascene (qui est que le pain est
uny à la Divinité, et il est fait de cette sorte le corps de J. C.
car c'est aussi l'effet d'une puissance surnaturelle). Quand
on dispute touchant deux sens qu'on peut donner aux termes d'un auteur, il est superflu de produire ou d'examiner
les paroles qui auront également leur usage et leur force,
quel des deux sens que vous establissiez. Ce qui fait voir
que M. Arnaud n'a produit dans toute cette étendüe le discours de Damascene que pour grossir son volume, et sans
aucune necessité, car cette forme ne donne au passage ni
plus de clarté ni plus de force en sa faveur. On pourra se
plaindre de luy sur ce sujet de Damascène à quelque autre

---

comme fiche de consolation le rôti qu'elle n'avait pu acheter par
une de ces histoires qu'elle contait si bien et dont ils se régalaient
à l'envi. Je mets à l'*Appendice*, sous le n° 11, un curieux document inédit relatif à l'arrestation, en novembre 1685, de la veuve
et de la fille du savant pasteur, poursuivies par la police de
Louis XIV.

égard, mais ce n'est pas icy le lieu de vous en entretenir. Je
vous donne le bonsoir et suis entièrement à vous[1].

(La signature est représentée par les initiales *C L* entrelacées.)

Au dos de la lettre :

Pour Monsieur Conrart.

XLI.

A Colbert.

MONSIEUR,

    La lettre latine, traduite en François que vous me deman-
diés par vostre billet que je receus hier soir, je vous l'en-
voyeray ou vous la porteray ches vous avant la fin de la
semaine. Quant à la bible des Princes à laquelle je me dis-
pose de travailler[2], puis que vous desirés de sçavoir en
quelle manière je m'y prendray, en voicy l'idée et le dessein.
Les ayantages, vertus et obligations des princes et les plus
considérables matières de la Politique chrestienne en seront

---

[1] Bibliothèque de la société du protestantisme, autographe de la
collection Coquerel, tome XLII. Dimanche 16 mars 1669, date assi-
gnée à cette pièce, d'après une note de H. Bordier, « par notre
bibliothécaire de la place Vendôme, M. William Martin.» Avec la
copie du document H. Bordier m'envoya ces mots : «Vous voudriez
avoir des lettres du ministre Claude et vous pensez que nous en
avons ici les pleines mains. C'est une erreur grande. Je n'en ai rien
trouvé à la Bibliothèque Nationale et nous n'en avons qu'une
seule à la Bibliothèque du Protestantisme. Celle ci je me fais un
bien grand plaisir de vous en adresser une copie que je viens
d'en tirer. »

[2] La *Bible des Princes* n'a jamais paru. Nous en avons du moins
le plan ici.

le sujet. Voila un grand champ. Je retrancheray tout ce qui
est commun et dont la lecture ennuye les sçavans. Il n'est
jamais permis d'omettre les choses necessaires, mais aussi
pour celles qui ne le sont pas, à moins qu'il y ayt de la grâce
et de la beauté, il vaut mieux en ce temps extrêmement délicat les supprimer que les mettre en œuvre. Les grandes
difficultés, je suis résolu de ne pas les fuir comme font presque tous les autheurs. J'iray aussy avant que la prudence
me le permettra et là où il faudra parler décisivement, je ne
decideray ny en théologien bourru, ny en casuiste relasché.
Quant aux scilles et aux charibdes [1], comme vous pouvés
croire, je n'ay garde de m'en approcher.

Et par ce que je n'ay veu encore chés pas un autheur que
les mistères vénérables de la raison d'estat y ayent esté bien
desveloppés, mon intention est de les estaller et de les mettre au jour dans tous les lieux où j'en trouveray l'occasion.
Vous ne sçauriés croire, Monsieur, combien les esclaircisse-
mens sont necessaires pour le bien des estats et pour l'intérêt du salut des Rois et de leurs ministres. Si quelque fois
ils se la figurent trop licentieuse et luy donnent des bornes
trop amples, bien souvent ils se l'imaginent trop scrupu-
leuse et restraignent trop sa jurisdiction. Bien souvent ils se
damnent en faisant le bien qu'elle permet, mais qu'ils
croyent n'estre pas licite, qu'ils mettent pourtant en œuvre
pressés par d'autres considérations nonobstant les remors de
leur conscience mal instruite.

La Sainte Escriture est la carrière d'où je tire les mate-
riaux necessaires et les principaux ornemens. Ce ne seront
point des passages et des exemples ramassés et entassés
comme ils le sont d'ordinaire par les compilateurs et rapso-
distes de ce temps, mais des sentences et des paroles de l'Es-

---

[1] Souvenir des vers d'Horace. On n'a presque jamais francisé
le nom *Scylla*.

criture revélées qui entreront toutes digérées dans la struc-
ture comme autrefois les pierres taillées et polies dès longtemps furent employées à la bastisse du temple de Salomon.
Dans la Sainte Bible il y a une infinité de bons mots, de
mots précieux et d'un sens profond, des bijoux spirituels et
divins qui donnent une force et un esclat admirable aux discours où ils sont enchassés. Mais ces mots là ils ne sont
guère remarqués que par ceux qui la lisent et la relisent
avec grande attention et par rapport à quelque dessein
auquel on a la pensée de les faire servir. Encore faut-il
avoir l'esprit d'application qui est un esprit assez rare parmi
les gens d'estude.

Au reste, Monsieur, ce n'est pas depuis quelques jours ou
quelques mois ou depuis deux ou trois ans que j'ay formé
ce dessein : il me vint à l'esprit l'an 1653[1]. Mgr l'Archevesque de Paris alors précepteur[2] du Roy m'ayant dit qu'il luy
faisoit lire et expliquer les commentaires de César, je le
pressay par diverses raisons qu'il approuva, de l'appliquer
aussi à la lecture des histoires du vieux Testament, notamment des livres des Rois, offrant de le soulager par des
recueils des vies des Rois de Juda et des héros du vieux
Testament que je prendrois la peine de dresser, avec des
annotations politiques et chrestiennes. Cette pensée ne
s'exécuta point, mais dèslors je commençay d'estudier avec
application tout ce qu'il y a de plus considérable dans la
Bible pour l'instruction des Rois, et depuis j'ay continué cet
estude. Si Dieu me fait la grace de le rédiger en livre, peût-
estre pourra-t-il servir un jour à l'éducation de Monseigneur
le Dauphin quand sa raison fortifiée par l'auge sera en estat

---

[1] On ne pouvait souhaiter une indication plus précise.

[2] Hardouin de Beaumont de Péréfixe fut nommé en 1644 précepteur de Louis XIV, en 1648, évêque de Rodez ; en 1662, arch'e-
vêque de Paris.

d'en proffitter, à cette education dis-je que l'on dit que le
Roy a tant à cœur, et qu'il la regarde comme un de ses
grands coups d'estat pour l'avenir, mais dont le succès ne
peut estre pleinement heureux quelques excellens que puissent estre les maistres qu'on lui donnera, à moins que Dieu
mesme ayt la bonté d'en prendre le soing en qualité de premier gouverneur et de principal pédagogue.

Mais ce n'est pas tout que de vouloir estre utile aux Rois,
il faut aussi leur estre agréable, le plaisir doit estre le vehi-
cule et l'introducteur des grandes vérités qu'on veut faire
entrer dans leur esprit. Quelque chose qu'on leur presente
où qu'on fasse pour leur usage ce n'est pas assés qu'elle soit
précieuse et que la matière en soit riche, il faut de plus que
la forme en soit belle et la façon sans deffaut. C'est pour
cela que je vous disois ces jours passés que ce pays estant le
pays de l'éloquence et de la politesse où les valets de chambre de la Cour parlent plus purement que les Avocats généraux de nos parlemens de province, et en comparaison duquel le reste de la France est barbare, il seroit fort nécessaire pour l'heureux succès de la composition de mon
ouvrage que j'y demurasse. Je l'espurerois par la conférence
et par les censures des excellens grammairiens. Je polirois
plus commodément mes diamans brutes, et enfin le livre
en seroit plus digne d'estre presenté au Roy. Or, sans le
secours duquel je vous ay parlé je ne sçaurois demurer icy.
Souvenés-vous, je vous prie, que vous m'avés offert vos
soins à me le procurer et souvenés-vous en au plus tôt :
bis dat qui cito dat. Je suis,

      Monsieur,

        vostre très humble et très obeissant servi-
        teur en N. S. fr. LEON BACOUE. de l'ob-
        servance reformée de Saint-François [1]

---

[1] Bibliothèque nationale Mélanges de Colbert, 176 *bis*, f° 877.

XLII

A Pierre de Marca.

Monseigneur le President Marca est prié d'escrire une lettre de recommandation à Monsieur Sillon en faveur de M. Legier, conseiller de la Cour des Aydes à Bordeaux.

C'est à la prière du très humble et très obeissant serviteur de Sa Seigneurie.

Frère LÉON BACOUE,

.... de la province d'Aquitaine

couvent de l'observance Saint-Fraçois. [1]

878. Autographe. Léon Bacoue devint évêque de Glandèves en 1672. Il avait publié en 1670 son poème latin sur l'éducation d'un prince (*Delphinus*). J'ai cru pouvoir avec vraisemblance placer l'époque où fut écrite cette lettre entre l'année de la publication du poème et l'année où l'auteur en fut récompensé par l'épiscopat. Divers biographes et bibliographes, notamment, parmi ceux de l'Agenais, Samazeuil et M. Jules Andrieu font naître Bacoue en 1608 et le font mourir « le 13 février 1694. » Il serait né huit ans plus tôt et serait mort deux mois plus tard, si j'en crois cette note du manuscrit de la Bibliothèque nationale (f. fr. 17025, f° 118) : « Mort à Pamiers la nuit du 12 au 13 *avril* 1694 en sa 94ᵉ année. On l'enterra dans le chœur de l'église des Jacobins de la ville de Pamiers. » Au dos de la lettre on lit cette mention : « Je prie M. Carcavi de me parler de cette lettre. COLBERT. »

[1] Bibliothèque Nationale, collection dite des Armoires de Baluze, vol. 103, f° 41. Autographe, non daté, mais antérieur à l'époque où Marca quitta la magistrature pour l'Eglise (1632). Je note que Michel de Murolles (*Dénombrement*, p. 232) donne au futur évêque la particule qu'il ne prenait pas, sans doute par humilité, et l'appelle « le R. P. Léon de Bacoue. »

XLIII

A Monsieur Monsieur de Jeyan, conseiller du Roy et lieu-
tenant criminel au presidial, à Agen [1]

Le 19e juin 1681, à Bordeaux.

MONSIEUR,

Je prens la liberté de vous asseurer de la continuation de
mon estime et de mon respect, et de vous envoyer la fuite
honteuse du ministre Rondelet qui sort de dessous la presse [2].
J'espère, Monsieur, que ce petit ouvrage recevra ches vous
un accueil favorable parceque vous avés beaucoup de zele
et d'amour pour les interests de l'Eglise ; que Monsieur de
Moncaut [3], que j'honore tousjours parfaitement, passera
quelque agreable moment, s'il entend la lecture de cette
lettre [4] à laquelle le plus habile ministre de la province n'a
jamais osé respondre, quoyqu'il en ait esté fortement sollicité par des personnes d'un caractère considerable ; je suis
à mesme de faire imprimer le livre que j'ay composé contre

---

[1] Sur la vieille famille agenaise de Jeyan voir, au fonds Raymond déjà cité, divers documents de l'année 1584 (registre III).

[2] M. J. Andrieu cite ainsi l'opuscule : *La fuite honteuse du sieur*
de Rondelet, ministre de Bourdeaux, s. l. n. d. in-4° de 7 pp. On
saura désormais que la brochure parut en *juin* 1681.

[3] Voir la généalogie de Laurière de Moncaut dans le registre XLII
du fonds Raymond (archives départementales).

[4] Il ne faut jamais se vanter, mais Cotherel est un peu excusable
de se vanter ici, car il discutait avec beaucoup de verve et on peut
juger par la présente lettre si bien tournée de *l'agrément* qu'il don-
nait à ses lecteurs.

le sieur Spon, ce qui me retiendra icy quelques jours pour en
corriger les espreuves [1] ; et quelque esperance qui me flatte
de l'heureux succès de ce traitté, j'ai du chagrin du sejour
que je suis obligé de faire en ville, parce qu'il me prive
d'avoir l'honneur de vous voir. Je vous assure cependant,
Monsieur, que quelques defauts que vous trouviés dans mes
ouvrages, vous n'en découvrirés point dans la passion et
dans l'attachement avec lequel je veux estre toute ma vie,

   Monsieur,

            Vostre tres humble et tres obeissant serviteur,

                              COTHEREL [2].

_____

[1] *Réplique à la lettre que le sieur Spon, médecin à Lyon, a mise à
jour, à l'occasion de celle du P. de la Chaise, jésuite.* (Bordeaux,
1681, in-8°).

[2] Autographe qui m'a jadis été communiqué par Mme la comtesse de Raymond, mais qui ne faisait pas partie de sa propre
collection, car il n'est pas mentionné dans le *Catalogue* si bien
rédigé par M. Tholin (Agen 1889). Comme les opuscules de Cotherel sont fort rares, je crois devoir dire que l'on en trouvera trois
dans le recueil si riche en imprimés comme en manuscrits connu
sous le nom de *Mélanges de Clairambault* (tome 588) : 1° *La relation veritable du défi qui a esté fait au sieur Claude, fameux ministre
de Charenton,* etc., (Paris, V° Jacques Bouillerot, rue de la Hu-
chette, 1680, in-4° de 20 p. ; 2° *le Calvinisme mourant* (Paris, 1680,
in-4° de 20 p. ; 3° *la verité triomphante,* etc., (Paris, 1681, in-4° de
16 p.) Notons que Cotherel mentionne en cette dernière plaquette
cet hommage rendu par le ministre Dubosq à M. Regis : « Du
Bosc parle fort juste de la manière admirable dont M. Regis se
sert pour enseigner la philosophie en françois. »

LXIV

Pour le Reverend Père Quesnel rue St-Honoré à l'Oratoire [1].

Ce 7 octobre [2].

Je viens d'apprendre mon tres cher Pere [3] que vous deviés quitter Paris. Je ne vous diray pas avec quel serrement de cœur j'ay receu cette nouvelle. Ce sentiment vous paraistroit peut estre peu digne de vostre foy et d'une amitié chrestienne. Dieu benisse les auteurs de vostre voyage ! Je souhaite que nostre Seigneur ait plus d'egard au bien qu'il vous procurent par une retraite que vous souhaitiez, qu'au mal qu'ils font à tant d'autres ausquels ils vous enlevent. Il est peut estre trop familier mon tres cher Pere eu egard au peu de temps que j'ay eu pour cultiver vostre amitié de vous faire des offres qu'on ne souffre guere que d'un ancien ami. Mais comme je mesure plus l'affection par le cœur que par le temps, et que je sens fort bien que mon ardeur pourroit compenser la longueur des liaisons que d'autres peuvent avoir avec vous,

---

[1] Pasquier Quesnel, né à Paris le 14 juillet 1634, fut l'occasion de la bulle *Unigenitus* (1713) Je redirai avec mon savant ami l'abbé Ingold, ancien bibliothécaire de l'Oratoire (*Introduction* aux *lettres du cardinal Le Camus*, Paris, A. Picard, 1892, p. xi) : « On connaît trop ce célèbre patriarche du second jansénisme (qu'on a appelé de son nom le *Quesnellisme*) pour qu'il soit besoin d'insister. »

[2] M. A. Gazier, non content de me fournir copie de cette lettre et des quatre lettres suivantes, a bien voulu m'aider à en retrouver la date. Après de communes recherches nous avons reconnu d'un commun accord que le **7** *octobre* appartenait à l'année 1681, car ce fut au mois de novembre de cette année là que Quesnel fut envoyé à Orléans où il devait séjourner jusqu'en février 1685.

[3] L'abbé Boileau n'a pas séparé par des virgules la petite phrase incidente : *Mon très cher père*.

8

je vous prie d'agreer mon tres cher Pere que je vous offre
tout ce qui dependra de mon petit pouvoir, argent, sollicita-
tions, services. Si j'avois l'honneur d'estre connu de vous un
peu plus que je ne le suis, vous verriez qu'un des plus grands
plaisirs de ma vie, c'est de pouvoir marquer à des amis de vostre merite et de vostre piété les sentimens respectueux mais
tendres que j'ay pour eux. Donnés moy, je vous supplie la
preference ou du moins quelque part dans les services que
vostre eloignement vous forcera d'exiger de ceux qui resi-
deront a Paris.

> Non me quod tibi sum novus recuses
> Omnes hoc veteres tui fuerunt.
> Tu tantum inspice, qui novus paratur
> An possit fieri vetus sodalis.

Je souhaite avec impatience vostre retour à Paris afin que
je puisse vous y trouver encore et vous assurer avec toute
la sincerité de J.-C. que je suis à vous comme a moy-
mesme [1].

---

[1] Bibliothèque nationale, f. fr. 19737, f° 78. Autographe non
signé et qui a été transmis par un commissionnaire. La correspondance de Boileau avec Quesnel montre que notre abbé était
encore plus janséniste, s'il se peut, qu'on ne le supposait. Cette correspondance est à rapprocher des nombreuses lettres ou extraits
de lettres (32 lettres et au moins autant d'extraits) que j'ai eu le
plaisir de mettre au jour dans le recueil intitulé : *Notes sur la vie
et les ouvrages de l'abbé Jean-Jacques Boileau publiées avec divers documents inédits* (Agen, 1877). L'essai biographique placé en tête de
ces divers documents a été très heureusement complété et sur
quelques points très justement redressé par un critique qui connaissait à merveille la littérature ecclésiastique du XVII° siècle, feu
le R. P. Le Lasseur (*M. Boileau de l'archevêché*, dans les *Etudes
religieuses, philosophiques, historiques*, etc., par des Pères de la Compagnie de Jésus (livraison de janvier 1878, p. 126-131). Parmi les
additions du savant religieux à un travail qu'il avait daigné

XLV

Au Reverénd Pere Le Reverend Pere Quesnel, Pretre de l'Oratoire, à Orléans.

Le 5* Fevrier [1682]

Quand vous devriés par un chagrin humble mais mal fondé mon tres cher Pere m'appeler mille fois complaisant et flatteur, je vous dis et vous soutiens que ces meditations sont admirables. Mais ne m'allez pas croire si simple que je vous les attribüe. Non non mon cher Pere, ne vous en vantez pas ; vous n'en estes point l'auteur. L'escriture ne peut estre si bien interpretée, que par le mesme esprit qui l'a dictée. Criez encore une fois à la complaisance comme vous avez déjà commencé, je ne sache rien de si solide et de si beau que ces reflexions [1] Tout y est vif et serré sans estré obscur. Il y a de l'onction a proportion qu'il y a de lumiere. En un mot je n'ay point de goust, ou c'est un des livres les

---

(p. 129) « trouver fort curieux », j'indiquerai l'indication du jour de naissance de mon compatriote : 9 octobre 1649. Le P. Le Lasseur, à la fin de son article, exprimait avec une bienveillance dont je fus touché, le désir de me voir publier une nouvelle édition *perfectionnée* de mes *Notes* sur l'abbé Boileau. Ce n'est pas pour rendre à sa mémoire la politesse qu'il me fit ainsi, mais bien pour obéir à un sentiment de pure justice, que je dirai à mon tour, combien il serait à souhaiter que l'on imprimât les manuscrits par lui laissés à sa Compagnie. Tous ceux qui ont lu les notes si précises dont il a enrichi, sans se nommer et sans être nommé, les *Mémoires* du P. Rapin édités par Léon Aubineau, s'associeront à mon vœu.

[1] Non seulement Boileau approuvait, mais encore exaltait avec enthousiasme le manuscrit de ces *Réflexions morales* (1693, qui devaient faire tant de bruit et causer tant de scandale.

plus ediflans et les plus utiles qui se soit fait depuis les auteurs canoniques. Je ne pretens pas neanmoins donner mon jugement pour la regle du jugement public. Ainsi je vous conjure de hâter l'impression pour voir si je me suis trompé. Je voudrois de tout mon cœur que la premiere feüille fust sous la presse dés aujourd'huy [1]. Je souhaite d'estre le correcteur de cet ouvrage, et je crains que si l'impression est differée jusqu'a l'esté on ne m'entraine à la campagne. Hatés vous donc mon tres cher Pere, je vous en conjure, au nom du libraire, mais mille fois davantage au nom de l'Eglise. De bonne foy je suis charmé, mais je ne suis pas facine ; et pour vous en convaincre, c'est que j'ay marqué quelques endroits avec un crayon rouge que je voudrois qu'on retouchast un peu. Ce sont des expressions qui pourroient blesser les delicats et qu'on peut changer ce me semble, sans changer la la pensée. Vous en jugerez quand il sera temps, et il n'en sera s'il vous plast que ce que vous jugerez. Si je preferois ma critique à vostre jugement il faudroit que j'eusse perdu le mien. J'ai remarqué aussi quelques fautes contre la langue que j'ay prises pour des fautes de copiste, car il y a des cahiers d'une autre main que de la vostre. Mes remarques neanmoins sont en tres petit nombre ; et peut estre vaudroit-il mieux laisser ces endroits, quand mesme ma critique seroit raisonnable. Outre qu'il n'y peut avoir qu'un excés de delicatesse qui s'en offense, il faut laisser sa part à l'envie.

Pour le texte, je ne say pas comme vous en userés. Je me trompe, je le say bien, vous en userez prudemment. Il y a certains écueils à éviter dans une mer basse et dangereuse, qu'on passeroit à pleines voiles s'il y avoit un peu plus de fond, et si le vent estoit favorable. Il me semble qu'en evi-

---

[1] Quesnel tint peu de compte de la bouillante impatience de son ami, puisqu'il laissa s'écouler plus de dix ans avant de se donner à lui-même l'*imprimatur*.

tant ces bancs de sable où tant de vagues se sont brisées en
ecumant, le livre ne sauroit echoüer. Par exemple comme
on a repris avec grande chaleur ce passage des Thes. *Ideo
mittet illi Deus operationem erroris*, etc., et quelques autres
semblables ; je voudrois prendre un autre tour qui fust également reçu des personnes de bonne et de mauvaise humeur.
Il me paroist aussi qu'on pourroit omettre certains mots
ajoutez en certains endroits dans le texte qui ont fait crier à
la paraphrase. Et cette omission seroit excellemment réparée
par la reflexion qui suit le verset. *Et si non sus Minervam,
inepte tamen, quisquis Minervam docet* [1].

Je m'en vas renvoyer les cahiers à nostre cher et illustre
amy [2], afin qu'il m'en envoye d'autres. Mais je ne les ren-
voye que parceque je m'attens à voir le livre imprimé dans
peu de temps. Sans cela je vous declare que j'en tirerois une
copie. Ne Croyez vous pas que Mgr de Chalons [3] pouroit
adopter cet ouvrage s'il y voyoit des traces de son cher Pere
Am. [elote] [4] ? Je puis sonder le gué si vous voulez par le
moyen de l'abbé de S. qui est fort considéré de Madame de
Noailles !a doüairiere [5]. Cet abbé sera ravi de vous rendre ce
service en servant l'Eglise. Vous le conoissez et il vous con-

---

[1] Phrase de Cicéron, comme l'abbé Boileau le rappelle lui-
même dans une lettre à l'évêque de Châlons, du 1er octobre 1701
(*Notes*, p. 65).

[2] Duguet, sans doute, selon une conjecture de M. Gazier que je
m'approprie en toute confiance.

[3] Louis-Antoine de Noailles. Voir la correspondance de Boileau
avec ce prélat. (*Notes sur la vie et les ouvrages*, p. 39-69).

[4] J'ai publié dans le *Bulletin du Bouquiniste*, une lettre du P.
Denis Amelotte au chancelier Séguier, qui ne fait pas grand
honneur au caractère de l'oratorien.

[5] C'était la veuve du premier duc de Noailles, mort en 1678,
laquelle il ne faut pas confondre avec la veuve de Jules de Noailles auquel cette dernière ne donna pas moins de 21 enfants, ce
qui ne l'empêcha pas (elle) d'atteindre l'âge de 94 ans.

noît : le jugés vous propre à negocier cette affaire pour le
Père de famille ? Voulez-vous que je tente d'autres endroits ?
Parlez et donnés moy du pouvoir, vous serés obeï, et l'Eglise
en sera servie. Je ne puis vousdire à quel point je suis à vous.

B [1].

XLVI

Au même.

Ce 8ᵉ avril 1682.

Quand commencerés vous donc, mon tres cher Pere, a
faire imprimer ? Hatés vous je vous en supplie. Le public
perd assurément à tous ces délais. Je n'ay nulle intention
de vous flater non plus que vous de recevoir des flateries.
Je parle comme je pense, et je suis trompé si je ne pense en
cecy comme les plus censés. Je demanday au P. D., il y a
quelques jours, s'il vous avoit renvoyé les cahiers qu'il m'a
fait le plaisir de me communiquer, à quoy il me repondit
qu'il ne croyoit pas vous les devoir renvoyer puisque le livre
s'imprimeroit icy. En effet, il y a si peu de chose à retoucher
qu'on peut vous en donner avis par un billet à mesure qu'on
imprimera, et vous en pourrez donner vostre sentiment par
une lettre. Au reste, quand je vous escrivis mon tres cher
Pere qu'en certains endroicts on pourroit changer quelques
expressions de peur de blesser des esprits delicats ou bizar-
res, je n'avois garde d'entendre qu'on deust affaiblir la verité. Je vous conois trop pour vous proposer ce lache party,
et par la grace de J. C. je ne suis pas asses malheureux pour
faire à qui que ce soit une proposition si charnelle et si

----

[1] Bibliothèque nationale, F. Fr., 19737, fᵒ 73.

peu chrestienne. Aussi si je m'en souviens, j'insinuois dans
ma lettre qu'on pourroit changer quelque tour sans rien
changer a la pensée. Vous savés que le monde est si super-
ficiel qu'il ne se gagne ou ne se rebute pour l'ordinaire que
par le tour exterieur qu'on donne aux choses. Mais a Dieu
ne plaise que je veüille de ces ménagemens qui corrompent
la verité en la frelatant, et melant selon le prophete l'eau
avec le vin affoiblissent la teste sans rejoüir le cœur! Vous
aviés tres grande raison de me dire en me grondant a demy
que la verité n'avoit pas tant d'empressement a se produire
qu'elle voulust se deguïser pour paroistre. J'en conviens
avec vous mon tres cher Pere. Je crois mesme qu'il vaut
mieux supprimer entierement la verité que de la faire paroistre en l'affoiblissant. Un innocent condamné par défaut, ren-
tre plus aisément dans ses droicts, que quand après avoir
comparu il s'est laissé condamner pour s'estre défendu foi-
blement. Je croy pourtant que vous ne désapprouverés pas
un homme qni ayant à parler devant des juges prevenus et
emportés evite tant qu'il peut de heurter leurs preventions
avant de les avoir détrompés. Saint Paul ne parle point, assurément, devant ses juges, d'une maniere si ouverte qu'il
parle aux chrestiens.

Pour venir à l'exemple que j'avois touché dans ma lettre
et sur lequel vous m'avés apparemment soupçonné de foiblesse ou de politique, voicy mon tres cher Pere ce que je
pense sur ce sujet, prest a corriger mes pensées dés que vous
les aurés condamnées. C'estoit de ce passage cy qu'on a cri-
tiqué qu'il estoit question, *Ideo mittet illis Deus,* etc. Je
vous avoüe que je crois qu'on peut donner un autre tour a
cette verité sans l'affoiblir, et que le tour qu'on a pris n'est pas
le plus naturel. Car cette *opération d'erreur, ἐγέργεια πλανης,*
est a mon petit sens ce nombre surprenant de prodiges que
l'Ante-christ fera par la permission divine, et dont il est
parlé dans cette epistre et dans l'évangile. Ainsi quand on
traduit, *Dieu leur enverra un esprit d'erreur si efficace,* il

me semble qu'on fait entendre autre chose que ce que saint
Paul avoit en vüe. Ce n'est pas qu'on ne puisse donner un
bon sens a cette traduction. Mais, encore une fois, ce sens
n'est pas le plus naturel. *Envoyer cet esprit d'erreur qui fait
croire au mensonge* marque pluslot l'operation de Dieu dans
ceux qui sont seduits que les prodiges surprenans qui porte-
ront à l'erreur ceux qui meriteront d'estre trompés [1]. Quand
il est dit dans l'Escriture que Dieu eavoye l'esprit de priere
l'esprit de componction, etc., aux fidèles, on entend
d'abord que Dieu opère intérieurement dans les fideles cette
priere et cette componction, et non pas que ces dispositions
s'excitent en eux à l'occasion de quelque chose de touchant
qui est produit hors d'eux. Je ne dévelope pas davantage
ma pensée mon tres cher Pere, parce que j'ay affaire a un
bon interprète, et que je n'ay pas trop de force ny trop de
temps pour m'estendre. Cependant je ne puis finir sans vous
presser encore de faire imprimer incessamment vos reflexions. Ce n'est point par prevention que je parle ; quoy
qu'on ne puisse estre a vous avec plus d'estime, plus de respect et plus de tendresse que j'y suis.

XLVII

*Pour le Reverend Pere Quesnel, Prestre de l'Oratoire
à Orléans.*

A Paris, ce 25 may [1682].

Si je vous ay laissé si longtemps en repos, mon tres cher
Pere, vous en avez l'obligation à une langueur qui depuis six

---

[1] Quesnel s'est entêté; il n'a pas changé son texte. (Note de
M. Gazier.) J'ajoute que tous les hérétiques ont été surtout des
entêtés, l'entêtement étant le fils de l'orgueil. C'est en ce sens que
l'on disait dans l'Ecole : *Perseverare diabolicum.*

mois m'a rendu presque incapable de tout commerce [1]. Quelque circonspection que je doive avoir pour ne pas vous faire perdre un temps que vous savés employer, je vous estime et je vous aime trop pour qu'il ne m'eschape pas quelque lettre ou billet s'il n'y a que ma seule circonspection qui m'arreste. Vous ne vous imaginerez pas aisement combien je souffre de voir nostre communication interrompue. Oh s'il plaisoit à Nostre Seigneur de nous rapprocher ! Je me console dans cet eloignement, mon tres cher Pere, par le souvenir tendre et obligeant que vous paroissés conserver et que vous m'avez marqué depuis peu par le cher P. D. aprés m'en avoir donné des marques si sensibles et si utiles par vostre derniere lettre. Il y avoit deux endroits dans vostre lettre qui m'obligent de vous demander esclaircissement. Il semble que vous souhaiteriés qu'un Beneficier quoyque non engagé a la residence fit un voyage a son benefice pour s'informer par luy mesme de l'estat des choses ; 2° Vous paroissés entrer dans le sentiment de ce benedictin qui vous assuroit que le Pape insinuoit aux beneficiers dont les benefices avoient esté reguliers l'obligation de travailler à les remettre en règle. Croyés vous donc mon tres cher Pere que je doive faire un voyage, quoyque des gens dignes de foy m'aient assuré que ma presence ne faira pas plus sur les lieux que la vigilance de ceux qui se melent du benefice. Le directeur du seminaire d'Agen dont je conois la pieté, a pris la peine d'aller à mon Prieuré [2]. Il m'a escrit exactement l'estat de toutes choses,

---

[1] L'abbé J. J. Boileau a toute sa vie été maladif. Voir les détails qu'il donne sur sa triste santé dans ses lettres à sa famille (*Notes sur la vie et les ouvrages*, etc., p. 72-93.) Je dirai, pour rassurer les valétudinaires, que cet homme, qui fut souffrant toute sa vie, ne mourut qu'à 76 ans.

[2] Quel etait ce prieuré? Le P. Le Lasseur ne l'a pas sû, ce qui me console un peu de ne pas le savoir moi-même. Par une coïncidence piquante, un contemporain et homonyme de notre abbé,

m'assurant que le curé distribuera le revenu avec prudence
et charité. Je conois aussi par moy mesme la probité de ce
curé, et suis seur d'un ecclesiastique qui a voulu devenir
mon procureur pour ce benefice. Pour le second article, le
curé du prieuré m'a mandé que le benefice avoit esté secula-
risé par une bulle du Pape qu'il avoit veue, et cela à la re-
queste de l'Evesque diocesain sur les desordres des moines
de l'abbaye si je ne me trompe. Devrois-je chercher les
moyens de faire remettre ce benefice en règle?

Il faut aussi mon tres cher Pere que vous ayés la charité
de m'esclaircir sur un autre point qui n'est pas moins important. Vous savez que je suis dans une grande maison ou
il y a hommes et femmes. Quoyque par la misericorde de
Dieu je vive dans une assés grande separation du monde,
j'ay de temps en temps de grandes peines quand je fais reflexion aux regles que tant de Conciles nous ont prescrites
pour nous eloigner de la compagnie des seculiers et surtout
des femmes. Ma langueur m'ayant presque mis hors d'estat
de travailler, j'avois demandé à me retirer ayant eu quelque
pensée que Dieu me marquoit par mes infirmités que je
n'estois pas dans mon poste. Et pour vous dire le vray, j'avois
quelque sujet de prendre mon estat pour une marque que
Dieu demandoit ma retraite. Car ne pouvant calmer mon esprit sur le peu de conformité que je trouvois entre ma vie
et les regles de l'Eglise, j'avois demandé souvent dans mes
prieres que je me trouvasse comme forcé de sortir, si Dieu
n'approuvoit pas ma demeure. J'ay trouvé nos gens hors de
composition sur cet article. Ils m'ont ouvert cent expediens
pour me soulager et pour me retenir. Ils m'ont pressé par

un aumônier et prédicateur ordinaire du Roi, un des 40 de l'Académie française, Charles Boileau, eut lui aussi un prieuré en Agenais, le prieuré de Mousempron, près de Fumel (Archives départementales à Agen, B. 116,)

eux-mesmes et par mes amis de ne point abandonner leurs
enfans dont ils se sont imaginés que la bonne education de-
pendoit après Dieu de mes soins et de mon travail. En un
mot il n'y a rien de ce qui peut ebranler un homme qui a le
cœur bon qu'ils n'ayent mis en usage. Le P. D. [uguet] qui
estoit entré dans le dessein que j'avois de me retirer, apres
avoir veu les obstacles que je trouvois a ma retraite n'a pas
cru que je dusse pousser mon dessein jusqu'au bout. Vostre
sentiment s'il vous plaist et vos prières, Je ne say pas trop
par où me debarasser de l'extreme bonté qu'on a pour moy ;
mais rien ne nous doit arrester quand il y va de nostre salut. Je vous¹....

. . . .

bien qu'il y eust toujours compagnie quand je reçois quelque
visite de femmes ou que je leur en rends; mais vous voyés
que ces precautions ne sont pas aisées a prendre a un particulier comme moy. Ne sont-ce pas là de nouveaux motifs
pour chercher le désert? Qu'en dites-vous mon tres cher
Pere ? Consultés le Seigneur.

. . . .

Agréez que je vous propose encore une difficulté qui me
revient sur le benefice qu'on me donna il y a deux ou trois
ans et pour lequel je vous consultay avant de le prendre.
C'est un prieuré si simple qu'il n'y a d'autre fonction que de
recevoir le revenu. Cependant comme c'est peust estre par
le relachement et la non residance des premiers prieurs que

---

¹ Lacune dans le manuscrit. M. Gazier suppose avec raison que
la fin de la présente lettre manque, ainsi que le commencement
d'une autre lettre. En reliant le volume on a rapproché et
comme soudé, en l'absence de deux feuillets, cette fin et ce commencement de manière à former un seul et même document.
Ceci explique les apparentes répétitions du correspondant du
P. Quesnel au sujet du prieuré.

ce benefice est venu à l'estat où il est, je doute quelquefois si je dois user d'un pouvoir que je n'aurois pas si mes predecesseurs n'avoient abusé de leur devoir. Il y a dans mon prieuré qui estoit autrefois un couvent de moines benedictins, un curé avec un vicaire qui a soin d'une annexe. N'y a-t-il pas apparence puisque c'est le prieur qui fait la portion du curé sur la dixme que luy prieur perçoit, n'y a-t-il pas apparence, dis-je, qu'il en est de ce benefice comme de tant d'autres où les prieurs qui estoient les veritables curés se dispensant de la residence metoient à leur place de simples vicaires amovibles qu'on les obligea dans la suite de rendre perpetuels. Si cela estoit, puis-je me dispenser de la residence quoyque je ne sache point qu'il y eust presentement aucune fonction que je pusse faire que par la permission de l'evesque et du curé ? Je ne say pas non plus ce que portoit la bulle de la secularisation que l'evesque obtint à ce que l'on tient sur la mauvaise vie des moines. Quoyqu'il en soit, bien que je ne tiré pas un double de ce prieuré l'article de la residence me fait quelque peine. Ces deux eglises qu'on sert dans le prieuré semblent dire que le prieur en devoit servir une, et mettre un vicaire peust estre mesme perpétuel dans l'église succursale. S'il faloit resider, je crois que je quitterois mon benefice pour deux raisons : 1º Je n'ay nul penchant à retourner si tost dans mon pays et je croy que je feray mieux ailleurs si Dieu veut que je travaille dans son Eglise. Les parens, les amis, les conoissances, tout cela seroit capable de m'affoiblir ou de me faire secher d'ennuy. 2º J'ay une aversion formée de vivre du bien d'Eglise. Peust estre mesme que Dieu me conduit par cette voye pour donner quelque exemple de desinteressement sur cette matiere. Et comme je n'ay pas assés de bien pour vivre de mon patrimoine hors de la maison de mon pere ou du moins à Paris, je m'estois figuré que si je pouvois achever l'education que j'ay commencée, on pourroit me faire quelque petit avantage qui me donneroit de quoy vivre sans estre à charge ny

à l'Eglise ny à mes parens. Cependant je dois vous dire que
cette veüe là me paroist assés incertaine, et comme je ne
me sens point de tentation Dieu mercy de devenir riche, et
que je n'ay mesme nulle sollicitude pour mon establissement
quoyque je n'aye point assés de vertu pour ny penser jamais,
je ne laisserois pas de preferer la continuation d'un employ
qui probablement ne me rapportera pas grand profit, à la
joüissance paisible d'un benefice qui me causeroit a la fin
beaucoup d'inquiétude.

Mais j'ay honte de la longueur de ma lettre. Excusés[1] vostre bonté mon cher Pere et vostre tendresse; c'est la veritable cause de l'estendue et de la liberté avec laquelle je vous
parle Avant de finir, la permission de l'evesque diocesain
ne suffit-elle pas en France pour lire les livres heretiques en
quelque autre diocese qu'on passe? Par evesque diocesain
j'entend l'evesque d'origine et d'ordination. Croyés vous
qu'il y ait en France excommunication pour la lecture des
livres heretiques? Mais quand la coutume auroit abrogé les
censures sur cette matiere n'est-il pas au moins de droit naturel que toutes sortes de gens n'aient pas la hardiesse de
lire les livres dangereux tels que sont assurément ceux des
heretiques? Adieu mon tres cher Pere, je vous embrasse en
esprit et me jette en mesme temps à vos pieds pour vous
demander excuse et lumiere. Ne vous hastés point de me
faire reponse si vous jugés qu'il n'y ait rien de pressé sur
l'article de ma retraite, de la residence. Mais s'il faut un
prompt remede envoyés moy l'ordonnance en deux mots;
j'attens toujours qu'on m'aporte les epreuves de cette admirable copie que j'ay leüe avec tant de plaisir. Elle doit estre
en estat d'imprimer si les copistes ont esté aussi diligens
qu'ils sont fideles. N'en avés vous point de nouvelles? Nostre
cher Pere Dug [sic] a quitté l'institution pour aller prendre

---

[1] *Sic* pour accusés.

l'air à la campagne, dit-on, je ne say si ce n'est pas pour changer de demeure. Cet employ l'épuisoit et le consumoit [1].

XLVIII

Au même.

Vous attendrés inutilement le passage de nostre amy mon tres cher Pere. Quoy qu'il ne m'ait dit ni bien ni mal depuis son départ, je n'ay pas laissé d'apprendre de ses nouvelles. Il est à Troyes depuis dix ou douze jours, jugés s'il reviendra par Orléans. Allés donc a vos pèlerinages accoutumés *mon tres cher Pere ; mais n'oubliés pas de prendre les Epitres de St-Paul avec vous* [2]. Nous attendons cet ouvrage avec impatience, si toutefois c'est impatience de souhaiter ardemment un si grand bien. Je ne say pas si vous m'avez promis de me confier la correction des epreuves, mais je say bien que je vous l'ay demandée. Je voudrois me pouvoir vanter en prenant soin *des epreuves que vous et moy avons fait des merveilles,* comme ce souffleur se vantoit de charmer tout le monde avec l'organiste. Ou peut estre serois-je bien aise d'avoir d'une manière ou d'une autre quelque part au merite immense que vous peut procurer un si excellent

---

[1] Bibliothèque nationale, f. fr. 19731, fol. 80. Autographe, comme toutes les autres lettres de l'abbé Boileau, portant comme toutes les autres aussi (moins la première qui ne fut pas envoyée par la poste) portant, dis-je, un cachet de cire rouge avec la devise *Cœlo non solo* accompagnant une flèche. Voir sur cette devise les *Notes* de 1877 déjà souvent citées (p. 40.)

[2] C'est la partie prise pour le tout, Quesnel ne s'occupant pas seulement des épitres de saint-Paul, mais des autres épitres des apôtres. Voici, du reste, le titre complet de l'ouvrage: *Réflexions morales sur le N. T., les Actes et les Epitres des apôtres.*

ouvrage. Qui ne pouvoit apporter ny or ny laine pour l'édi-
fication du Tabernacle, pouvoit au moins carder la laine et
oter la limure ou l'écume de l'or que les ouvriers mettoient
en œuvre. Adieu mon tres cher Pere, je laisse à deviner à
tout votre esprit à quel point je suis à vous, et si le cœur ne
s'en mesle vous ne le devinerés jamais.

Ce 14 aoust 1682 [1].

---

[1] Bibliothèque nationale F. Fr. 19737, f° 77. Comme complément
de tout ce que j'ai dit de l'abbé J. J. Boileau soit ici, soit dans les
Notes de 1877, soit enfin dans l'édition de la *Vie de la duchesse de
Luynes* (Bordeaux, 1880), je vais reproduire un très important fragment d'un mémoire — que je crois inédit — adressé à Louis XIV
le 11 janvier 1713, par le cardinal de Noailles, pour se disculper
de l'accusation de Jansénisme. On apprendra par ce fragment
une particularité ignorée de tous les biographes du secrétaire et
confident de l'archevêque de Paris: C'est qu'avant l'année 1695
l'abbé Boileau a vécu pendant quelque temps à Saint Sulpice. « On
ne peut nommer que M. Boileau d'homme suspect, qui ait esté
auprès de moi. Comment pouvois je le soupçonner, l'aiant pris
dans une maison de St-Sulpice, où il avoit esté receu avec la permission de mon predecesseur [Fr. de Harlay de Champvallon] et
de l'avis du P. de la Chaise, dans une maison où il demeuroit
avec feu M. de Chartres [Paul Godet des Marais], avec M. de Blois
[David Nicolas de Bertier], M. de Perpignan [Jean Hervé Bazan de
Flamenville] et quelques autres aussi jansenistes qu'eux. Mais
si c'est un si grand demerite pour moi de l'avoir eu 5 ou 6 ans,
ne devroit ce pas estre un plus grand merite de ne l'avoir plus depuis plus de dix ans? Et de n'avoir aucun commerce avec lui?
Dans le moment que je remarquai, non pas aucune mauvaise doctrine, ni aucune chose absolument reprehensible (car je lui dois
la justice de dire qu'il n'en a point montré chés moi), mais un
peu trop de vivacité et de penchant pour les gens avec qui il ne
devoit pas estre lié, je m'en defis promtement. Ce seroit pour tout
autre une reparation plus que suffisante et une tres forte preuve de
zèle pour la bonne cause, mais il est resolu que tout ce que je ferai
sera inutile. » Bibliothèque nationale, f. fr. 23184, f° 135-139.

XLIX

A Monsieur Boissier.

MONSIEUR,

L'honneur que vous me fîtes de vouloir quelques uns de
mes petits ouvrages me fait esperer que vous aurez pour
agreable celui que je vous adresse. Je vous demande vostre
protection. Si Mgr de Bazas vous parle[1] il vous rendra te-
moignage en ma faveur, il m'honore de mon amitié, il sçait
ce que je faits en province, et le peu de pouvoir que j'ay
de faire imprimer[2] ; faictes moy la grace de me croire tres
attaché à vous respectueusement.

    Je suis avec respect,

                Monsieur,

            Vostre tres humble et tres obeissant serviteur,

                              LABENAZIE[3].

---

[1] C'était Jacques Joseph de Gourgues, successeur (en 1682) d'un
prélat d'origine agenaise, Guillaume de Boissonade.

[2] Labenazie laissa dix ouvrages manuscrits tous perdus, sem-
ble-t-il, à l'exception de l'*Histoire de la ville d'Agen et Païs d'Agenois*.
Parmi les manuscrits qui sont le plus à regretter il faut placer au
premier rang l'*Histoire du pape Clément V découvert estre Ayenois*.
Une sorte de fatalité, dirait-on, poursuivit les biographes et les
biographies de Bertrand de Goth, car le manuscrit de l'ouvrage de
l'abbé de Guasco a également disparu. Nous serons amplement
dédommagés de toutes ces pertes par la monographie que nous
promet un des meilleurs travailleurs du Sud-Ouest, ... si toutefois il tient sa parole.

[3] Autographe accompagnant un exemplaire du *Præconium divi
Caprasii Aginensis ejusque episcopalis dignitas vindicata autore domino
Labenazie canonico sancti Caprasii* (in-12, s. l. n. d. mais d'Agen,

L

Au chevalier de Montazet [1].

A Dresden, le 24 novembre 1759.

Je n'ai pu vous écrire que quatre mots, mon cher chevalier, le jour de l'action mémorable entre les Autrichiens

---

1714, conservé à la Bibliothèque nationale, dans la réserve, LK 3.)
Dans la lettre d'envoi, comme dans le titre de l'opuscule, l'auteur
n'accepte pas l'accent aigu dont ses compatriotes gratifient son
nom. Une localité portant le même nom appartient à la commune
du Passage d'Agen. Dans l'*Armorial général* de d'Hozier (Bibliothèque nationale, cabinet des titres, volume XIII, *Guyenne*), on voit
que Bernard Labenazie « chanoine de l'Eglise collégiale de Saint
Caprais d'Agen porte d'or à une gerbe de sinople liée de gueules
et un chef d'azur chargé d'un soleil d'or accosté de 2 estoiles d'argent. » Rien de plus brillant que ces armoiries ! D'Hozier avait
bien servi le très humble chanoine. Je mets à l'*Appendice* (n° III)
quelques notes au sujet de Saint Caprais et de Labenazie inscrites
par l'abbé Labrunie sur les gardes de son bréviaire, que possédait
et que me communiqua feu le vénérable curé de Lavardac,
M. l'abbé Aurière. Labrunie, dans ces notes, a condensé bien des
choses sur la question si controversée de l'épiscopat de Saint Caprais
au sujet de laquelle il faut citer en premiere ligne le redoutable
Le Nain de Tellemont et les aussi savants que sages Bollandistes,
et auprès d'eux MM. Jules Andrieu, l'abbé Barrère, l'abbé Combes,
Ad. Magen, etc.

[1] C'était Antoine de Malvin (portant le même prénom que ses
deux aînés, le lieutenant-général et l'archevêque), né le 9 octobre
1715, colonel du régiment d'Enghien en 1758, maréchal de camp
en 1761, grand croix de Saint-Louis vers la même époque, mort à
Saintes le 11 août 1807, à l'âge de 92 ans. Voir sur les trois frères
la *Généalogie de la famille de Malvin* dans l'*Armorial général ou regis-
tres de la noblesse de France* par d'Hozier (registre V, seconde partie,

et les Prussiens[1], puisque j'avois des affaires par dessus les
yeux et que j'étois excedé de fatigue, n'aïant pas, pour ainsi
dire, descendu de cheval depuis plusieurs jours. Je n'ai donc
pu vous faire aucun detail de cette action brillante, mais
l'importance dont elle est pour la cause commune me per-
suade que vous lirez avec plaisir un extrait de [la] Relation
que j'ai fait pour mes amis particuliers à qui je puis parler
sans réserve[2].

Trois corps prussiens réunis par des marches forcées à
Maxen, le tout fesant 24 bataillons, dont 4 de grenadiers[3] et

---

Paris, 1764, 57 pages in-f°.) Voir surtout *Monographie du château
de Plassac en Saintonge*, par le marquis de Dampierre, tome II, La
Rochelle, 1890, grand in-8° de 431 pages, consacré tout entier aux
Malvin de Montazet qui furent seigneurs de Plassac à partir de
l'année 1657. Le savant biographe s'occupe du chevalier de Montazet (p. 32-37) et du lieutenant-général (p. 64-396). Ce dernier est
le véritable héros du volume en tête duquel est un très beau portrait de lui. M. de Dampierre a enrichi ledit volume d'un grand
nombre de remarquables lettres inédites du comte de Montazet,
les unes officielles, extraites des Archives du Ministère des affaires
étrangères, les autres intimes, extraites des Archives du château
de Plassac.

[1] Action appelée tantôt affaire de Maxen, tantôt affaire de Pirna.
Le combat se livra dans les montagnes de Maxen et auprès du
camp de Pirna, le 20 novembre.

[2] A partir de là, la lettre au chevalier se confond avec une lettre adressée, le même jour, par le comte de Montazet au duc de
Choiseul, ministre des relations extérieures, conservée aux Archives des affaires étrangères, et imprimée par le marquis de Dampierre (p. 295-297). Je ne crois pas devoir supprimer la partie
déjà publiée de cette lettre, d'abord à cause des variantes, ensuite
parce que ce serait grand dommage d'offrir à mes lecteurs incom-
plet, tronqué, dénaturé, un document d'un aussi vif intérêt.

[3] Dans la leçon Dampierre, il n'est question que de *vingt* bataillons, sans reproduction de la phrase incidente « dont quatre de
grenadiers. »

36 escadrons aux ordres de M. de Fing qui, selon les estats
qu'on a trouvés, montoient à 19 mille et tant de cent hommes, s'étoient rassemblés derrière nous[1] dans le dessein de
nous couper notre communication avec la Bohême, tandis
que le Roy nous occuperoit[2] en tête avec son armée[3], afin
de nous obliger par là à quitter la Saxe, faute de subsistance.
Un plan de cette espèce mettoit M. le maréchal Daun[4] dans
la necessité d'attaquer l'armée du Roy ou celle de M. de
Fing; il auroit donné sans doute la préférence à la première
s'il n'avoit craint qu'elle n'éludât le combat en reculant et
de se trouver par là dans le cas de manquer de subsistan-
ces. Il se détermina donc à partager ses forces de même
que celles de l'ennemi[5] et à marcher sur M. de Fing, tandis
que le reste de son armée resteroit sur la défensive dans le
camp de Plaun auprès de Dresden. Il prit avec lui environ
25 mille hommes et se porta le 20[6] au matin sur le flanc
droit de M. de Fing, tandis qu'il fit mouvoir plusieurs autres
petits corps, non seulement pour inquiéter l'ennemi pendant
son attaque, mais même pour coupper toutes ses retraites,
en cas qu'il fut battu : dispositions qui ont produit un evene-
ment qui n'a point d'exemple, puisque l'armée de M. de Fing

---

[1] *Derrière nous* ne se retrouve pas dans le texte imprimé par
mon devancier.

[2] *Occupoit* (leçon Dampierre).

[3] « Avec *le gros* de son armée » (*Ibid.*)

[4] Sur cet homme de guerre on trouvera bien des choses dans
les lettres et rapports du comte de Montazet qui forment bien la
moitié du volume de M. de Dampierre, et auxquels sont mêlées
des lettres du maréchal Daun à son *collaborateur*, ainsi que des
lettres du cardinal de Bernis, de l'impératrice Marie-Thérèse, du
duc de Choiseul, du général de Lucy, de la princesse Esterhazy, du
maréchal de Broglie, du prince de Soubise, etc.

[5] « De même que l'ennemi » (version Dampierre).

[6] M. de Dampierre a lu le 2*1*.

aïant été battue le 20 et le combat n'aïant fini qu'après une
heure de nuit, il fut obligé de mettre bas les armes le lendemain matin, une heure après avoir été rattaqué, de façon que
tout a été pris et trié dans cette glorieuse journée. C'est un
événement qui doit porter une atteinte mortelle à la gloire
des armes de nos ennemis [1].

1° Parce que le plan du Roy étoit plus que téméraire ;

2° Parce que la position qu'avoient choisi (sic) [2] ses trois
généraux de confiance que nous avons fait prisonniers
étoit ridiculement prise ;

3° Parce que leurs dispositions ne valoient rien ;

4° Parcequ'ils se sont fort mal et fort mollement deffen-
dus [3] ;

5° Parce qu'ils ont fini par mettre bas les armes et faire
une action indigne, car ils étoient encore extrêmement nombreux, lorsqu'ils se sont rendus prisonniers [4], et s'ils avoient
voulu, ils nous auroient donné du fil à retordre, mais nous
les avons attaqués si vivement et suivis si rapidement, que
réellement nous leur avons tourné la tête. Nous sommes
restés d'ailleurs pendant la nuit à 500 pas les uns des autres,
et le canon a commencé à tirer avant le jour, de façon
qu'ils n'ont pas eu le temps de se reconnaitre.

J'avoue que je n'ai jamais eu de ma vie une satisfaction
aussi complete puisqu'à la fin de [ce] spectacle, M. le maréchal Daun, à la tête de son armée, m'a dit en m'embrassant,
que leurs Majestés impériales et luy ne sauroient payer tous
les services que je leur avois rendûs dans le cours de cette
journée [5] et que je devois être sûr qu'elles et luy ne les ou-
blieroient de leur vie, en un mot il m'a comblé de marques

---

[1] « De notre ennemi » (Leçon Dampierre).

[2] M. de Dampierre a imprimé « choisie ».

[3] « Battus » (Ibid.)

[4] Ces six mots sont omis dans la copie Dampierre.

[5] Ces six mots sont également omis (Ibid).

dé distinction [1] et d'amitié. Il est vrai, mon cher chevalier
(et je dois le dire à un frère tel que vous [2]) j'ai servi dans
cette occasion chaudement et utilement la cause commune,
car j'ai commencé par conduire et placer [3] l'artillerie à
moins de mille pas de l'ennemi et l'ay fait canonner sous mes
yeux pendant plus d'une heure ; je me suis mis ensuite à la
tête des grenadiers quant l'affaire a commencé ; je ne les ai
quittés pendant l'attaque que pour charger en avant d'eux
avec de la cavalerie et j'ai fini par enlever, l'épée à la main,
avec deux escadrons de dragons, une dernière batterie de
dix pièces de canon sur une hauteur, pour ainsi dire, impra-
tiquable, parce que la nuit arrivoit et que les grenadiers
en étoient trop éloignés pour faire cette besogne qui deve-
noit essentielle [4] puisque nous ôtions par là les dernières
pièces de canon [5] à l'ennemi et que nous l'acculions dans
un fond soumis à la hauteur où étoit placée la ditte batterie. C'est donc là où nous terminâmes les travaux de notre
journée ; la nuit arriva l'instant d'après et c'est alors que
M. de Lascy [6]. maréchal-des-logis [7], et moi, nous nous
occupâmes à reconnaître l'emplacement où l'armée devoit se
mettre en bataille tout de suite afin de pouvoir recommen-
cer l'attaque à la pointe du jour, ainsy qu'il a été fait, ce

---

[1] « D'estime » (leçon Dampierre).

[2] « Il est vrai, Monsieur, et j'ose le dire... » (*Ibid*).

[3] *Et placer* manque dans le texte Dampierre.

[4] « Pour faire *la* besogne qui *étoit* essentielle. » (*Ibid*).

[5] Les mots « de canon » n'ont pas été imprimés par M. de
Dampierre.

[6] M. de Dampierre (note de la page 295) assure, d'après plusieurs lettres autographes qu'il possède dans ses archives, que la
véritable orthographe de ce nom est *Lacy*. Le comte de Montazet
(lettre au duc de Choiseul, du 29 octobre 1759) dit de son compagnon d'armes que c' « est un véritable soldat, plein de volonté, de
talents et de courage. »

[7] Mots omis par M. de Dampierre.

qui a produit la destruction des troupes Prussiennes dont je
joins ici l'état[1].

J'entre avec vous dans ces détails personnels, mon cher
chevalier, persuadé que vous les lirez avec intérèt et avec
plaisir, quoique je vous aye manqué de parolle, mais il ne
m'étoit possible de faire autrement dans une circonstance
aussi interessante ce dont je ne saurois vous faire icy le
détail. Je fais icy, mon cher ami, un métier trop pénible et
trop difficile, aussy ai-je fait demander au Roy la permission
d'aller rétablir ma santé comme je vous l'ay déjà mandé[2].
M. le duc de Choiseul et M. le maréchal de Bellisle[3] m'ont
répondu sur cela les choses les plus honnêtes en me per-
mettant de retourner en France après avoir passé par Vienne.

---

[1] Mots également omis. Le paragraphe qui suit est la seule
partie de la présente lettre qui soit autographe. Dans la lettre
adressée au duc de Choiseul la péroraison est naturellement toute
différente et commence ainsi : « Je n'ai d'autre grâce à vous demander, Monsieur, pour prix de mes services, que de bien assurer
le Roy que mon zèle n'a d'autre principe que mon pur attachement pour sa personne... »

[2] Montazet revient dans la fin de sa lettre au duc de Choiseul
(p. 298) sur sa santé qui « est dans un état déplorable » et il
ajoute : « Imaginés-vous, Monsieur, qu'il ne s'en est fallu de rien
que je ne me sois pas trouvé à la bataille ; car M. le maréchal
Daun ayant passé devant ma porte pour me prendre dans sa voiture, et me mener joindre les troupes qui étoient en avant, je fus
obligé de le laisser partir, étant en sueur dans mon lit à la fin
d'un accès de fièvre que j'avois traîné à cheval la veille jusques
à dix heures du soir par un temps terrible. Ce sont de ces excès
qui détruisent les meilleurs corps, mais il faut savoir les faire
dans des circonstances aussi essentielles. »

[3] Le maréchal de Bellisle, alors ministre de la guerre, est souvent mentionné par le comte de Montazet dans sa correspondance,
où l'on trouve, en quelque sorte, toute l'histoire militaire de la
période comprise entre 1751 et 1762.

Aussy je pense arriver à Paris dans les 15 premiers jours du mois de janvier. Je compte que vous y serez rendu alors et que nous logerons ensemble comme l'année dernière, à l'abbaye[1]. Soyez sûr que l'hyver ne se passera pas sans que vous ayez quelque chose qui vous convienne[2]. J'ay fait un plan sur cela qui, j'espère, aura un bon effet ; ménagez en attendant votre santé et donnez moy de vos nouvelles, car je ne sais où vous prendre. Je vous adresse pourtant cette lettre à Vesel persuadé que vous êtes avec M. d'Armantière(?) Ou sur ses derrières et que moyennant cela ma lettre vous sera renvoyée plus sûrement de Vesel que de partout ailleurs.

Adieu, cher frère, conservez moy l'amitié que vous me devez et soyez sûr que la mienne pour vous ne finira qu'avec ma vie. Je vous embrasse de tout mon cœur.

Je joins icy la copie de la réponse que le roy de Prusse a fait à M. de Fing, qui a passé par les mains du maréchal Daun et dont j'ay vu l'original[3].

---

[1] L'abbaye de Saint-Victor, dont le frère du comte et du chevalier était abbé commendataire et dans l'église de laquelle le prélat, mort « en son palais abbatial » le 2 mai 1788, fut inhumé le lendemain.

[2] Le chevalier obtint, l'année suivante (mai 1760) la charge d'inspecteur général d'infanterie qui rapportait 8,000 livres annuelles. Le comte de Montazet fut récompensé non seulement dans la personne de son frère, mais aussi dans sa propre personne. L'affaire de Maxen lui valut le grade de lieutenant général des armées du Roi (18 mai 1760), de même que l'affaire d'Hokirken (1758) lui avait valu le titre de grand croix de l'ordre de Saint-Louis. Les princes étrangers ne furent pas moins justes envers lui que le roi de France : le roi de Pologne lui envoya (15 août 1760) le collier de son ordre de l'Aigle blanc, et l'empereur lui offrit son épée dont la poignée en or était ornée de diamants.

[3] Cette lettre, de huit pages in-4°, a été vendue par M. Eugène Charavay, le 8 juin 1889.

LI

A Madame de Romas.

A Bordeaux, le 26 mars 1770.

C'est sans doute pour ne pas m'affliger, ma chère amie, que tu me dis te porter à merveille malgré la foule d'humeurs dont tu es encore tourmentée. Il me tarde fort de voir les choses par moi même, mais il y a apparence que ce ne sera que dans la semaine sainte. Je n'ai encore rien fini, l'affaire de Calignac[1] est mise seulement en train et l'impression de mes ouvrages n'est pas commencée, soit parce que les imprimeurs anciens à qui je me suis adressé pour aller plus vite voudroit tout le profit pour luy (*sic*)[2], ce qu'on ne

---

[1] Calignac est une commune de l'arrondissement et canton de Nérac, à 7 kilomètres de cette ville.

[2] On sait que les ouvrages dont Romas parle ici ne furent pas imprimés et que nous n'avons de lui qu'un petit recueil posthume (Bordeaux, 1776, in-12). On jurerait qu'une invincible fatalité s'oppose à la publication de ses ouvrages, car on avait eu le projet, il y a une douzaine d'années, de mettre enfin au jour les manuscrits du savant physicien et je ne sais pourquoi ce projet a été abandonné. M. le baron de Frère de Peyrecave, qui a le double honneur d'appartenir à la famille de Du Bartas et à celle de Romas, m'écrivait de son château de Marteret (près Jégun, Gers), le 30 décembre 1881 : « J'ai retrouvé tous les mémoires de M. de Romas écrits de sa main. Je vais les faire imprimer pour la famille et les amis. Vous trouverez dans la même enveloppe les titres de ces précieux documents. » Comme la liste dressée par M. de Frère de Peyrecave est plus détaillée et plus complète que la liste des mémoires manuscrits possédés par la bibliothèque de Bordeaux (fonds de l'Académie) telle que la donne M. J. Andrieu (tome II, p. 258), je la reproduis à l'*Appendice*, sous le n° IV.

me conseille pas de faire; car tout le monde présume que
cet ouvrage sera vendu comme du poivre.[1]

- Sur ce propos je te diray quelque chose qui, je pense, te
surprendra agréablement ; j'ai appris d'un anglais que mes
deux mémoires, l'un sur les expériences du cerf-volant en
tems d'orage, l'autre sur celles que j'ai faites avec le même
instrument dans un temps serein ou nébuleux, neigeux ou
simplement vaporeux, glacial ou tempéré, sont produits en
anglais depuis plus de quinze ans[2], mais ce qu'il y a de plus
singulier, c'est qu'un savant, nommé M. Latapy, qui est actuellement en Angleterre, vient d'écrire à M. de Secondat
que s'étant trouvé à Londres d'un repas avec plusieurs sça-
vants anglais, ceux cy demandèrent à M. Latapy s'il me con-
naissoit, que celuy cy leur ayant répondu qu'il avoit mangé
avec moy plusieurs fois ici chez M. de Secondat[3], ils parlè-
rent avec enthousiasme de moy et de mes expériences du
cerf-volant, après quoy chacun d'eux s'étant armé de son
verre, on avait bu à la santé de l'ingénieux M. Romas. Ainsi,
tu vois que l'on m'a fait en Angleterre à peu près les mêmes
honneurs qu'on fit il y a quelques années à l'illustre parlement de Paris.

Il est arrivé pendant le courant de la semaine dernière
plusieurs fâcheux événements qui ont tellement fait tomber
toute confiance que sur le meilleur papier on ne trouveroit
pas un écu. Ce sont sept à huit banqueroutes parmi lesquelles on remarque celle du receveur du grand Bureau et du
receveur de consignations. Ce qui surprend le plus à l'égard

---

[1] Ne nous moquons pas des paternelles illusions du bon M. de
Romas. Nous tous qui écrivons, n'avons-nous pas un peu cru,
ainsi que lui, que nos ouvrages se vendraient *comme du poivre ?*

[2] Les bibliographes — même le meilleur et le plus récent — ont
ignoré que ces deux mémoires avaient été traduits en langue an-
glaise vers 1754.

[3] Le fils du grand Montesquieu.

de la première c'est que l'employ de receveur du grand Bureau vaut quelquefois plus de quatre-vingt mille livres et que le sieur Amiel qui en étoit vêtu en avoit obtenu la survivance pour son fils, car par sa banqueroute il perd un bien present et futur.

Le manuscrit de samedy dernier annonce que quatre édits qui assujétissent les gens de finance à une taxe avoient été enregistrés au parlement de Paris. Mais comme ces édits n'ont pas parus ici, on n'en sait pas bien la teneur. On dit seulement que les secrétaires du grand collège sont taxés par tête à quarante mille livres, Les autres secrétaires indistinctement à vingt milles livres, et le tresorier de France à sept mille avec cette circonstance que ce sera une augmentation de finances et d'appointemens, ce qui sera un correctif à ce qu'on avoit annoncé d'abord.

J'ay bien ouï dire ici que Taillac devoit avoir des provisions, mais ayant fait des informations à cet égard, je n'ay pu découvrir le vray de la chose ; en tout cas, je ne m'occuperay pas de cet objet qui m'est devenu assez indifférent depuis que je me suis apperçu qu'un de mes confrères qui est le principal moteur de mon affaire ainsi que de beaucoup d'autres qui ont agité tout Nérac, a varié d'une manière peu sensée.

Adieu, ma chère amie, je t'embrasse mille et mille fois.

JACQUES DE ROMAS.

Mille amitiés à mon frère et renouvelle-moi dans le souvenir de Monsieur le curé d'Asquets [1] et de tous mes amis. J'écris par cet ordinaire à M. de Saubade [2].

---

[1] Asquets est une paroisse du canton de Nérac, à 2 kilomètres de cette ville.
[2] Autographe. Archives du baron de Frère de Peyrecave. L'aimable parent de Romas m'avait communiqué deux lettres de l'in-

LII

Destinataire inconnu.

Lyon ce 23 de décembre 1773.

Vous n'ignorés pas. Monsieur, que M. de Crosne l'un des prestres et perpetuels de l'eglise a été hier sur mon invitation chés touts ceux des M^{rs} les Comtes qui sont prestres et actuellement résidents¹, pour savoir si quelqu'un d'eux vou-

venteur indirect du paratonnerre, adressées de Nérac à l'Académie de Bordeaux, le 1er mars 1757 et le 5 septembre 1771, mais ces lettres ont déjà été imprimées par feu mon ami le vicomte de Gères dans la *Table des travaux de l'Académie de Bordeaux* (1879). Je donne ici un billet écrit par Madame de Larroche, née de Romas, tante de M. de Frère de Peyrecave, à M. Gavarret, professeur de physique à la Faculté des Sciences de Paris :

« Astaffort, le 12 novembre 1845.

« Le petit cahier que je vous adresse ci-joint, mon cher Monsieur, tout écrit de la main de feu Monsieur de Romas, mon respectable oncle, est le seul résultat que j'aie pu obtenir de mes recherches. Sa correspondance avec ses nombreux et savants amis a été dans mes mains, mais il n'en reste aucune trace. La bibliothèque renfermée dans six caisses avait été envoyée à Bordeaux à un ami de la famille ; elle ne lui est pas parvenue, car deux jours avant son arrivée la hache révolutionnaire avait fait tomber la tête de ce malheureux ami. Je vous remercie, Monsieur, de m'avoir fourni l'occasion de m'occuper de la mémoire de mon respectable parent et ami, mon bienfaiteur.

« DE ROMAS LARROCHE. »

¹ On sait que pour entrer dans le chapitre de Saint-Jean de Lyon dont le roi de France était le premier chanoine, et dont tous les membres portaient le titre de comte, il fallait faire preuve de seize quartiers dont huit paternels et huit maternels. On a souvent ra-

loit accepter l'office de grand prestre, et le prier même de
ma part de vouloir s'en charger. M. de Crosne m'a rapporté
qu'aucun de ces M^{rs} n'avoit accepté nommément, mais que
plusieurs avoient répondu qu'on y pourvoiroit aujourd'huy
en chapitre. Je vous prie, Monsieur, en votre qualité de président actuel du corps de m'instruire dans la journée de ce
qui aura été arresté à ce sujet ; le grand prestre a des fonc-
tions à remplir dès demin[1] aux premieres vespres, et vous
sentés combien il seroit peu convenable, ou que ces fonc-
tions fussent remplies par un autre qu'un des M^{rs} les com-

conté — et M. le marquis de Dampierre lui-même a répété — que
M. de Montazet avait autrefois sollicité son admission au chapitre
de Lyon et avait été repoussé par les intraitables chanoines comme
n'ayant pas les seize quartiers exigés par les statuts. On ajoute
que le prélat avait voulu se venger, devenu archevêque, par la citation d'un verset du psaume CXVII : « *Lapidem quem reprobaverunt,*
etc., » et que les chanoines avaient riposté par la citation du verset suivant : *est mirabile oculis nostris.* Tout cela est plus anecdotique qu'historique. D'abord, le prétendu candidat — où est le
texte qui établit qu'il ait jamais été candidat ? — pouvait fort bien
prouver plus encore que huit quartiers, comme on le voit dans la
très sérieuse et très solide généalogie dressée par d'Hozier. Ensuite l'historiette est plus vieille que le XVIIIe siècle, car je me
souviens d'avoir lu un récit presque pareil, orné des mêmes citations, appliqué à un personnage du XVIe siècle. Ce qui est encore
moins exact que cette lutte à coups de versets entre l'archevêque
et les chanoines, ce sont les accusations portées contre les mœurs
de Mgr de Montazet. M. de Dampierre en a fait si bonne et si
complète justice (p. 62), que je n'ai rien à ajouter sur ce brûlant
sujet à ses décisives explications.

[1] Mgr de Montazet n'est pas le seul des membres de l'Académie
Française qui ait fait une faute d'orthographe. Un des plus illustres de ses successeurs, Lamartine, ne s'est pas souvenu du *Dic-*
tionnaire de l'Académie en une lettre qui a été jadis mise sous mes
yeux. Combien d'autres complices on leur trouverait !

tes, ou qu'elles ne le fussent point du tout. J'ay l'honneur
d'estre, etc.[1]

LIII

Destinataire inconnu.

A Paris le 30 juillet 1774.

Je connaissois, Monsieur, le zele de votre celebre Faculté
pour le maintien des vrais principes sur la Constitution de
l'Eglise, et des droits de l'Episcopat. La nouvelle preuve
qu'Elle vient de donner de sa vigilance à cet égard, ne peut
qu'ajouter de plus en plus à sa gloire. Je ne saurois en mon
particulier assés reconnoitre l'attention que vous et vos
Messieurs avés bien voulu avoir, de me faire part de la déli-
bération que vous venés de prendre. Je vous prie de partager avec eux les remercimens que je vous en fais, et de
recevoir les assurances de la parfaite consideration avec
laquelle j'ai l'honneur d'être, Monsieur, Votre tres humble
et tres obeissant serviteur.

                   † L'ARCH. DE LYON [2],

LIV

Destinataire non désigné,

MONSEIGNEUR,

Il y a bien quelques difficultés à ce que votre altesse séré-

---

[1] Archives de l'Académie Française, collection d'autographes
léguée par M. Moulin. Les trois lettres suivantes appartiennent
à la même collection.

[2] La signature seule est autographe. Sur les querelles de Mgr de
Montazet avec son terrible chapitre, voir le récit de M. de Dampierre
(p. 51-53).

nissime desire pour M⁴ᵉ de Ste-Suzane : mais je serai à Paris pour la St-Martin, j'aurai l'honneur de luy en rendre compte, et d'après l'exposé que je ferai à votre altesse de l'estat des choses, elle me donnera ses ordres qui l'emporteront sur toute autre consideration.

Je suis avec un profond respect de votre altesse serenissime

Monseigneur,

le très humble
et très obeissant serviteur

† L'Arch. de Lyon.

Lyon ce 4 de novembre 1774 [1].

LV

Destinataire non désigné [ce doit être le *Comte de Vergennes*].

Paris ce 13 d'avril 1781.

J'ay receu, Monsieur le Comte, la lettre que vous m'avés fait l'honneur de m'escrire en datte du neuf de ce mois, avec la consultation et les deux autres pieces qui vous ont été remises par M. l'ambassadeur de Sardaigne et dont vous avés bien voulu me donner communication. Je vous prie d'estre parfaitement tranquile sur le sort de ces escrits. Ils seront conservés et remis entre vos mains avec la plus grande exactitude ; mais il faut bien que le comte de Scar-

[1] On lit au dos de la pièce : *Sur la demande d'une place de chanoinesse en faveur de Mme de Ste-Suzanne. — Affaire de Madame. Cette réponse de M. l'Archevêque de Lyon aurait dû être faite à Madame qui lui aurait écrit.*

nafis (?) nous donne un peu de tems pour les examiner et y
répondre, s'il y a lieu. Ce fut au mois d'avril 1780 que j'eus
l'honneur de luy remettre la consultation donnée par six
celebres avocats en faveur du clergé de mon diocese. Ce
n'est qu'après un an révolu que sa réponse nous est communi-
quée : elle nous arrive même dans un temps où tout le
bareau est à la campagne et ne reviendra à la ville que pour
la rentrée du parlement. Vous sentés, Monsieur le Comte,
combien ces circonstances rendent le délais que nous de-
mendons, nécessaire et favorable: mais vous pouvés compter
en même temps qu'on l'abrégera le plus qu'il sera possible,
et que nous porterons dans l'examen des moyens de Sa
Majesté Sarde le plus grand esprit de justice et d'impartia-
lité[1]. Je n'ay en mon particulier d'autre interest dans cette
affaire que celuy de mon diocèse, ma chambre ecclésiastique qui est la véritable partie de la Cour de Turin n'en a pas
d'autre non plus ; mais nousvous prierons d'observer que
cet interest n'est pas de pure charité. Il est question de savoir, si les biens dont il s'agit appartiennent à l'église de
Lyon ou au roy de Sardaigne : et cette question entre deux
parties qui se prétendent également propriétaires, est cer-
tainement de justice rigoureuse, de nature par conséquent
à estre décidée par les principes de droit, à moins qu'on ne
la termine par voye de conciliation et d'accomodement.

J'ay l'honneur d'estre avec un sincere et respectueux attachement, Monsieur le Comte, votre etc.[2]

[1] Voir la lettre suivante adressée à l'Ambassadeur de la Cour de
Sardaigne.

[2] Dans le dossier qu'avec la gracieuse autorisation de M. Ca-
mille Doucet, secrétaire perpétuel de l'Académie Française, M.
Marty-Laveaux a daigné transcrire pour moi, se trouve une ordonnance d'« Antoine de Malvin de Montazet par la Divine Provi-
dence et l'autorité du Saint-Siège, Apostolique Archevêque et
Comte de Lyon, primat de France, » donnée « à Paris, dans notre

LVI

A Monsieur l'Ambassadeur de Sardaigne.

Depuis que je connois, Monsieur l'Ambassadeur, les droits qu'a le Roy de Sardaigne sur le monastère des Célestins de Lyon, j'ay fait tout ce qui a dépendu de moy pour les concilier avec ceux de mon Eglise. C'est dans cette vue que j'ay eu l'honneur d'écrire à Sa Majesté Sarde, et qu'après luy avoir rendu compte de l'employ des biens de ces religieux, j'ay supplié Sa Majesté de vouloir bien l'approuver ou de nous faire connoître ses intentions. C'est enfin dans ce dessin que j'ay remis plusieurs consultations à M. le comte de Vergennes. J'étois bien assuré qu'elles vous seroient communiquées, et je me flattois qu'elles nous conduiroient à un arrangement. Je suis bien éloigné, Monsieur l'Ambassadeur, de renoncer à ces douces esperances. Mais comme il y a dix-huit mois que cette negociation est commencée et que nous n'en prevoyons pas le terme, les conseils de mon clergé ont été d'avis qu'il convenoit de profiter de ces délais pour reconnoître légalement les droits de Sa Majesté Sarde et remplir à son égard un devoir qui n'a été omis que parceque son titre de fondateur étoit ignoré. Le Sindic de mon diocese m'a donné en conséquence une requette pour demander que le Roy de Sardaigne soit entendu. J'ay permis de mon côté l'assignation qui est prescrite en pareil cas

---

palais Abbatial de Saint-Victor, le premier février mil sept cent cents quatre vingt deux », relative au décret du 26 novembre 1779 « portant union au clergé de notre diocèse de tous les biens meubles, immeubles, noms, raisons et actions du Monastère des Célestins de Lyon supprimé, » avec mention de l'assignation de « Sa Majesté le roi de Sardaigne, duc de Savoye. »

par nos ordonnances, et le tout vient d'être envoyé à M. le
procureur général pour vous être remis. C'est dans cette
forme que nous procédons en France ; c'est celle que nous
employons à l'égard de notre propre monarque. J'y ajoute
[en] tout ce qui dépend de moy l'attention de vous en pre-
venir.

Je suis avec respect, Monsieur l'Ambassadeur, etc[1].

LVII

A un abbé dont le nom est inconnu.

Depuis votre départ, mon cher Abbé, il m'est survenu de
nouvelles affaires qui m'ôtent toute possibilité d'aller à Fitz-
James[2] aussy promptement que je le desirois, mais comme
d'un autre côté je suis forcé de prolonger icy mon séjour, je
ne désespère pas encore de trouver, quoique plus tard, une
veine favorable pour me dédommager, et je me flatte bien
que vous ne me laisserés pas faire le voyage seul, s'il a lieu.
    Les requettes du Palais m'ont adjugé mes conclusions et
ont été même au delà, mais avisez M. le duc de Fitz-James[3]

---

[1] Autographe conservé comme le suivant, en la bibliothèque de
la ville de Lyon.
[2] La terre et Seigneurie de Warti en Beauvaisis avait été, par
lettres de 1710, érigée en duché-pairie sous le nom de Fitz-James
en faveur du maréchal de Berwick (extrait du *Dictionnaire historique* de M. Lud. Lalanne où tant d'auteurs trouvent, sans le dire, de
l'érudition toute faite),
[3] C'était Charles, d'abord comte, puis duc de Fitz-James, fils
cadet du maréchal de Berwick ; il était maréchal de France depuis
1775.

que je n'entends point m'en prevaloir pour exiger autre chose
que ce qui est absolument necessaire à ma sureté, et il est
encore temps d'y pourvoir sans s'engager dans les formali-
tés et les frais qu'entrainera l'exécution littérale de la sentence. Je vous ferai part à votre retour des vues que j'ay
pour cela ; vous les communiquerez au conseil de M. le duc
de Fitz-James, et j'espère qu'on se conciliera.

Adieu, mon cher Abbé, mes tendres respects à M. le Duc
et à Mme la Duchesse. Je vous aime et vous embrasse de
tout mon cœur, etc.

Paris ce 21 juin (sans indication d'année) [1]

---

[1] On voit parfois passer dans les ventes quelques lettres de Mgr
de Montazet. J'en trouve une mentionnée dans un catalogue d'autographes de la maison Charavay (cabinet de M. A. Losseroux,
vente du 24 mai 1889, p. 30, article 130) : Lettre écrite de Lyon
le 3 décembre 1760 à un personnage non désigné auquel l'archevêque annonce qu'il vient de publier une *apologie* de la conduite
qu'il a tenue dans l'affaire des hospitalières. (Il s'agit des religieuses hospitalières de St-Augustin, établies faubourg St-Marceau.)
Voir sur cette affaire les indications fournies par M. de Dampierre
(p. 39). Citons, comme réponse aux assertions d'un récent historien de l'Académie Française rappelées en mon *Avertissement*, cette
phrase de M. de Dampierre (p. 48): « Le nouveau primat des Gau-
les était homme d'esprit, *très instruit, très éloquent* (expressions
du chancelier Maupeou) ; il écrivait avec élégance, *personne ne l'ac-
cusait de ne pas faire ses mandements*, comme disait l'*Observateur
anglais* de 1777, et ses talents le menèrent à l'Académie Française.
Il y fut nommé le 19 août 1756 et reçu le 14 mars 1757. » J'a-
joute que l'on trouve son discours de réception (très bien tourné)
dans le recueil de Coignard où est aussi son éloge prononcé
par son successeur le marquis de Boufflers (séance du lundi
29 décembre 1787.

LVIII

A Monsieur l'Intendant de la généralité de Bordeaux. [1]

Monsieur,

La Société littéraire toujours infiniment reconnaissante de vos bontés, et ne voulant faire aucune démarche importante sans avoir votre agrément et se munir de votre secours, nous a chargés de vous informer qu'elle desireroit d'obtenir du roi, des lettres patentes, qui pussent rendre durables les avantages qu'elle s'efforcera de procurer à la province. Elle vous supplie, Monsieur, de daigner dans le temps [2] joindre votre recommandation à sa prière. Elle souhaite d'autant plus d'obtenir une forme permanente, qu'elle ne voudroit pas consacrer par des monumens passagers, vos bienfaits et les sentimens qu'ils lui ont inspirés.

Nous sommes avec respect,

Monsieur,

vos très humbles et très obéissants serviteurs.

Le COMTE DE LA CEPÈDE, directeur. [3]

PAGANEL, secrétaire [4].

Agen, 18 Février 1784.

---

[1] L'intendant était Dupré de Saint-Maur, en fonction depuis 1776 et qui allait être remplacé, en 1785, par Le Camus de Neuville.

[2] C'est-à-dire : à l'occasion.

[3] Très distinctement en deux mots séparés. L'usage a prévalu de rapprocher les deux mots et d'écrire : *Lacépede* avec adjonction d'un accent aigu ignoré du porteur de ce nom. Je rappellerai que, dans la *Revue de l'Agenais* de 1878 (t. VI, p. 327), j'ai inséré une

lettre inédite de l'éminent naturaliste avec un appel à mes chers compatriotes pour que d'autres lettres de lui et de nos illustrations régionales fussent en aussi grand nombre que possible recueillies et publiées.

⁴ Archives départementales de la Gironde, série C. intendance, n° 127. — On trouve (Ibid.) cette réponse de l'Intendant : « Paris, ce 7 mars 1784. M. le comte de La Cepede, à Agen. — Votre Société littéraire me trouvera, Monsieur, très disposé à favoriser, autant qu'il pourra dependre de moi, ses desirs relativement aux lettres patentes qu'il paroit qu'elle se propose de solliciter, mais au lieu de joindre ma recommandation au mémoire qu'elle adressera pour cet effet au ministere, il me paroit preferable d'attendre que je sois consulté, d'autant que mon avis en aura plus de poids. — J'ai l'honneur d'être avec un respectueux attachèment, etc. (Minute non signée). Rappelons ici que les fondateurs de la Société furent, outre Lacepède et Paganel, l'abbé Carrière, curé de Roquefort, Gérard-Jean de Lacuée, comte de Cessac, futur membre de l'Académie française, Lafont du Cujula, Claude Lamouroux, le père du naturaliste, J.-Fl. Boudon de Saint-Amans, Vigué. Parmi leurs plus célèbres successeurs, je citerai le géologue Louis Chaubard, Sylvain Dumon, député, ministre, membre de l'Institut, Jasmin, dont le nom seul rend superflu tout éloge, J. B. Pérès, l'auteur de ce petit chef-d'œuvre de fine ironie, de spirituelle malice : *Comme quoi Napoléon n'a jamais existé,* qui vivra aussi longtemps que la mémoire même du grand empereur.

APPENDICE

I.

A Monsieur de Pontchartrain, secrétaire d'Etat.

Monsieur,

Je apris par Mme de Bajaumont, prieure du couvan des religieuses du Chapelet de cete ville, [1] qu'à la priere du R. P. Arnoul [2] et de M. l'Archevesque de Tours le Roy lur [3] avest fest la grace de lur douné une plase vacante nommée de la Mounoie laquelle est tout devant leur couvan, comme il vous sera temounié par ses (*sic*) messieurs, mais parcequ'elle a apris que d'autres avest taché d'avouer [pour avoir] se mesme don, acoupaniée de plusieurs religieuses considerables par lur nesance, vertus, bonne vies et devotions (*sic*), elle m'a prié de vous remontrer son droit, afin qu'il vous plese Monsieur, de n'espedié pas de brevet en faveur de quelque autre que ses messieurs n'aient conferé avec vous. Si vous les gratifiés de cete courtoisie, elles seront tenues de prier Dieu pour vous, et en mon particulier je vous en seré tres redevable, comme ayant unne de mes filles dans

---

[1] Sur la prieure et sur le couvent voir les excellentes notices consacrées par M. Philippe Lauzun, dans la *Revue de l'Agenais*, aux maisons religieuses de la ville d'Agen.

[2] Sur le Père Jean Arnoux, mort provincial de Toulouse et dans cette ville le 14 maï 1636, après avoir été confesseur de Louis XIII, voir la *Bibliothèque de la Compagnie de Jésus*, par le R. P. C. Sommervogel (1890, in-4°, t. I, p. 566-572).

[3] Fidèle représentation de la prononciation agenaise d'alors.

lur meson¹, et unne de mes nièces de Carbounié², outre l'interest general de cete meson vous y trouverés se particulier des personnes qui vous sont déja fort obligées. Je fes gloire de m'en avouer afin d'estre toute ma vie, Monsieur, votre tres humble et obeissant serviteur.

ESTRADES.

D'Agen, ce 13ᵐᵉ d'aoust 1621 ³.

———————

¹ François d'Estrades, sieur de Bonel et autres lieux, eut de sa femme Susanne de Secondat, deux fils et quatre filles. Trois d'entre elles embrassèrent la vie religieuse : Antoinette fut abbesse de Saint-Jean d'Autun ; Jacqueline et Angélique furent carmélites dans le monastère d'Agen.

² Une fille de Fr. d'Estrades, Anne-Henriette, avait épousé (29 juin 1632) son parent Jean de Carbonnières, seigneur de La Capelle-Biron.

³ Bibliothèque Nationale. Mélanges de Clairambault, vol. 378, fⁱ 911. Autographe. — De cette lettre du père rapprochons une lettre également autographe de son fils cadet, laquelle provient de la Bibliothèque Nationale, mais dont je ne puis indiquer ni la place, ni le destinataire (peut-être le duc d'Epernon) :

Monseigneur,

Je vous envoye mon aumousnié pour vous asseurer par luy de mon très humble service, et pour vous randre mes devoirs, attendant que je puisse moy mesme recevoir cet honneur, à quoy je vous asseure, Monseigneur, que je ne manqueray pas, dès que je sçauray que vous seres arrivet [Dans la forme donnée à ce mot le fils se montre trop digne de l'orthographe paternelle] en quelque lieu de vostre gouvernement. Comme je n'ay point de plus forte passion que de meriter l'honneur de vos bonnes graces, je n'auray pas aussi de plus sensible desplesir que de vous donner occasion de doubter, que je ne sois plus que personne du monde,

Monseigneur,

vostre très humble et très obeissant serviteur.

L'abbé DESTRADES, nommé à l'evesché de Perigueux.

D'Agen, ce 17 juillet (1646). — (Jean d'Estrades ne devait point

II.

*Procès-verbaux de la capture de la veuve et de la fille
de Mathieu de Larroque.*

Je Anthoine Vallod, chatelain de Montverand et Culoz,
certifie à tous qu'il appartiendra que pour executer la com-
mission de Mgr de Harlay, intendant de Bourgogne Bresse
et Beugey, en date du 12ᵉ octobre dernier à moy adressé
par M. Philibert Parra, lieutenant en l'Election de ce bail-
liage, par missive du 23 dudit mois d'octobre sur l'avis à
moy donné que deux femmes inconnues avoient couché dans
la maison de Pierre Regard, hoste audit Culoz, lesquelles
ne sont allées cejourd'huy jour de dimanche entendre la
sainte Messe en l'église dudit lieu ny aillieurs, ensuite duquel
avis me suis transporté dans ladite maison où j'ay trouvé
lesdites deux femmes auxquelles je me suis adressé et enquis

---

occuper le siège de Périgueux. Il fut placé, l'année suivante, à la
tête du diocèse de Condom qu'il gouverna jusqu'en 1660).

Je trouve à l'instant dans le très intéressant et très important
travail du R. P. Chérot sur *le premier confesseur de Louis XIV, le
P. Charles Paulin d'après sa correspondance inédite* (6ᵐᵉ article,
livraison d'avril 1892 des *Etudes religieuses, philosophiques, historiques*, etc., p. 640) ce remarquable éloge de comte d'Estrades
(lettre à Mazarin, de décembre 1652): « C'est avec joye que la
presente est donnée à Monsieur de L'Estrade que je reconnois
homme de bien, d'honneur et de haulte reputation icy parmi tous
les plus sages de l'estat. V. E. peut respondre de sa fidélité. Je
repute à bonheur pour moy de l'avoir pour ami. » L'Agenais avait
fourni au cardinal Mazarin deux de ses meilleurs collaborateurs
en Godefroy d'Estrades et en Jean de Silhon. Chéruel, qui peut
passer pour l'homme qui a le mieux connu l'histoire des premiè-
res années du règne de Louis XIV, ne m'aurait pas démenti.

de leurs noms, surnoms, du lieu de leur naissance, qualitez, conditions, où elles alloient, de quel lieu elles venoient, et de quelle religion elles étoient, à quoy elles ont repondu toutes deux qu'elles étoient de la ville de Rouen, la plus aagée desquelles a dit qu'elle s'appelle d[lle] Jeanne de Gesnes aagée d'environ **70** ans, dame du Parc, veuve [de] noble Mathieu de la Roque,[1] et l'autre a dit qu'elle s'appelle Jeanne de la Roque fille dudit de la Roque aagée d'environ trente ans, et qu'elles faisoient profession de la R. P. R., qu'elles venoient dudit Rouen ayant passé en la ville de Lyon et qu'elles alloient à Annecy pour voir deux des enfants de ladite de Gesnes et dudit de la Roque, l'un appelé Mathieu de la Roque qui se fait capucin à leur inseu, et qu'il étoit au couvent des capucins dudit Annecy depuis quelques années[2] et l'autre appelé Benjamin demeurant audit Annecy, que c'estoit le sujet de leur voyage et qu'elles étoient accompagnées par le sieur Jourdain lieutenant du prevost de Lyon, ce qui m'a obligé de les arreter dans la maison dudit Regard avec leur equipage attendu leur declaration, et qu'elles ne se sont trouvées saisies d'aucune attestation certificats de leur sortie de Rouen ny passeport d'aucune part, desquelles de Gênes, de la Roque, et de leur équipage j'ay chargé ledit Regard avec defences de s'en desaisir sur peine d'en repondre, et pour d'autant plus les mettre en sureté pour en éviter l'évasion j'ay dressé le present proces verbal pour estre promptement porté en la ville de Bellay pour y etre pourveu ainsy qu'il appartiendra, le tout fait en presence de

---

[1] Mathieu de Larroque (et non la Roque) venait de mourir à Rouen, où il était pasteur (31 janvier 1684).

[2] On sait qu'un autre fils du pasteur, Daniel, le biographe de Mézeray, le critique de Varillas, l'auteur des *Remarques sur les Lettres, Mémoires et négociations de M. le comte d'Estrades*, etc., abandonna lui aussi la religion protestante, quelques années après que son frère lui eut donné l'exemple de l'abjuration.

Mrs François Martin, notaire ducal, Jean Callet, témoins
requis soussignés avec les dites demoiselles et Regard ce
jourd'huy viiie novembre 1685.

Signés JEANNE DE GENNES JEANNE LA ROQUE REGARD
MARTIN CALLET et VALLOD.

Du douziesme jour du mois de novembre 1685.

Nous Philibert Moyne premier syndic de la ville de Belley
à tous qu'il appartiendra sçavoir faisons que ce jour d'hier
onzieme de ce mois sur environ les dix heures du soir maistre Anthoine Vallod notaire royal et chatellain de Culoz
seroit venu en personne dans cette ville de Belley nous
avertir qu'ayant appris qu'il y avoit dans le dit Culoz deux
estrangeres logées chez Pierre Regard hote dudit lieu, lesquelles n'avoient point ouy messe quoyque jour de dimanche,
il crut estre de son devoir d'aller dans ledit logis sçavoir
d'elles leurs noms, surnoms, qualités, d'où elles venoient,
et où elles alloient, et d'effect s'y estant transporté, et les
ayant enquis de tout ce que dessus, et quelle religion elles
professoient, elles luy firent declaration qu'elles s'appelloient
Jeanne de Genes et Jeanne de la Roque, professans toutes
deux la R. P. R. sur laquelle declaration il a esté obligé de
les arrester avec leurs hardes, et la lictiere et mulets qui
servoient à leur voiture et de venir incessamment en ceste
ville nous en donner advis et nous rapporter ainsy qu'il a
fait le verbal par luy dressé de cette declaration, ensuite
duquel advis nous sommes d'abord monté à cheval avec
ledit maistre Vallod, et nous sommes transportez audit vil-
lage de Culoz, où estans arrivés environ deux heures après
minuict, et sceu dudit Regard que n'ayant pas des licts propres, il avoit prié M. Hugues Soland praticien dudit lieu de
coucher dans sa maison lesdittes deux femmes avec un ca-

valier qui les conduisoit, ayant seulement chez lui le mule-
tier, nous avons mis pied à terre à la porte de la maison
dudit Soland qui nous en ayant fait ouverture, et indiqué les
chambres où lesdittes deux femmes, et ledit cavallier estoient
couchés, nous sommes entrez dans celle dudit cavallier avec
Anthoine Claudin surnommé Dufort que nous avons mené
à nostre suitte de la ditte ville de Belley, et ayant trouvé
dans un lict à la droite de la porte de la ditte chambre un
homme qui à notre parole nous ayant connu commençoit à
s'habiller, nous luy avons d'abord demandé son nom, sur-
nom, et qualité, d'où il venoit, où il alloit, s'il ne connois-
soit pas les femmes qui étoient dans l'autre chambre, et
n'en étoit le conducteur. Il nous a repondu : Monsieur
Moyne, vous me connoissez assez. Je m'appelle Joseph
Jourdan, lieutenant en la prevosté de Lyon, je les ay trouvé
en chemin, et elles m'ont prié de les accompagner jusques
à Seyssel, ce que je leur ay accordé sur ce qu'elles m'ont
asseuré qu'elles etoient, une, veuve, et l'autre, fille du sieur
de la Roque, ministre de Rouan, et que par le dernier edict
de S. M. il leur étoit permis de sortir de l'Etat, ne croyant
pas en cela d'avoir contrevenu. Cependant sans nous arreter
à ces raisons, nous l'avons arreté prisonnier, et fait rendre
ses armes, puis sommes entré dans l'autre chambre à gauche, où étoient couchées les dites deux femmes etrangeres,
lesquelles ayant fait lever et habiller nous les avons conduict
et ledit Jourdan avec leur hardes dans ladite ville de Belley,
lesdites deux femmes dans la lictière, et ledit Jourdan sur
le cheval dudit Claudin, ledit maistre Vallot nous ayant
accompagné et presté main forte pour ladite conduite jusques audit Belley, où estans arrivés sur les huict heures du
matin avant que de mettre les dits prisonniers dans les prisons, nous les avons fait entrer dans notre maison pour y
recevoir leurs declarations, et prendre inventaire de leurs
effects ayant appelé pour assister à cette procedure maistres
Michel Cullet avocat et Claude Beatrix procureur au bail-

liage de Beugey, bourgeois dudit Belley, en presence desquels maistre Vallod estant prest à commencer laditte procedure, Monsieur de Magnières, capitaine au regiment de Vivand qui est presentement en quartier dans laditte ville de Belley est entré dans la chambre où nous estions tous assemblés sur l'advis qu'il a eu que nous avions arresté lesdits prisonniers. En presence dudit sieur de Magnières, et de tous les susnommez, nous avons examiné separement lesdittes deux femmes sur leurs noms, surnoms, aage, qualitez et sujet de leur voiage, la plus vieille a dit qu'elle s'appelle Jeanne de Genes, veuve de M. Mathieu de La Roque natif de Clerac[1] en Guienne mort ministre de Rouen aagée d'environ 70 années, et la jeune Jeanne, fille d'un premier lict dudit Mathieu de la Roque, aagée d'environ 30 années, qu'elles venoient dudit Rouen, avoient sejourné quelque temps à Macon et à Lyon, et alloient (à) Annecy voir deux enfans qu'on avoit assuré estre audit Annecy l'un appellé Mathieu et l'autre Benjamin, ledit Mathieu converty et capucin depuis quatre années, tous deux nés de son mariage avec ledit de la Roque.[2]

[Ici inventaire des objets trouvés en la possession des prisonnières : tasse d'argent, cuillier et fourchette d'argent, linges fins, Psaumes de David de la traduction de Marot, Traité de la pénitence, confession et communion, Soliloques de saint Augustin traduits en français, bourse contenant onze louis d'or, un escu blanc, deux pièces de trente sols, six pièces de trois sols, et deux sols marqués ; autre bourse de cheveux contenant deux louis d'or, une pièce de quatre pistoles d'Espagne, etc.]

Après lequel inventaire voulant conduire aux prisons de

---

[1] Sic pour *Layrac*. L'auteur du procès-verbal avait probablement mal entendu la première partie du nom, trompé surtout par la commune désinence des deux noms.

[2] Ceci est une erreur contre laquelle réclame, à la fin du procès-verbal, Jeanne de Genes, laquelle déclare que Mathieu de Larroque n'est point son fils et qu'il appartient au premier lit.

cette ville leddittes de Genes et de la Roque, et ledit Jourdan, j'ay par eux esté supplié en presence de tous les susnommez temoins des dittes de Genes et de la Roque, les larmes aux yeux, de les retenir et faire garder dans notre maison jusques à ce que nous eussions donné advis de leur detention, et qu'il y eut esté pourveu par S. M. n'estant pas possible auxdittes de Genes et de la Roque de supporter la rigueur de la prison, parcequ'outre le grand age de la ditte de Gesne, elle est extrémement malade aussi bien que ladite de la Roque par la fatigue de leur long voyage et par le chagrin qu'elles ont actuellement, ce que je leur ay accordé tant par les considerations cy-dessus dont il nous a apparu aussy bien qu'ausdits temoings que pour ce qu'il n'y a pas dans les dittes prisons une chambre pour les separer des autres prisonnières et qu'elles seroient en risque d'y mourir tellement que les ayant estably dans une chambre au second étage de notre maison, où nous leur fournirons les vivres et autres choses necessaires, nous avons conduit ledit Jourdan dans lesdittes prisons...

et du tout avons dressé le present verbal pour estre joinct avec celuy dudit maistre Vallod servir et valloir comme de raison.

Faict audit Belley ledit jour douzième novembre 1685. Signes à l'original : JOURDAN, VALLOD, DE MAGNIERES, JEANNE DE GENNES, JEANNE DE LA ROQUE, CULLET, BEATRIX DUFORT, MOYNE. [1]

III

Note de Labrunie sur l'épiscopat de saint Caprais.

Pendant plus de dix siècles notre église n'a honoré saint Caprais que comme simple martyr.

---

[1] Archives Nationales, TT, 455.

Telle est l'idée que nous en donnent les actes de sainte
Foi recueillis au vᵉ siècle (ceux de saint Caprais sont perdus). Ce saint martyr n'y est qu'un jeune homme que la
crainte de la mort fait cacher dans les grottes de la monta-
gne qui domine la ville, et que le courage de la jeune vierge
Foi engage à redescendre, pour devenir le compagnon de
son martyre. Le martyrologe manuscrit de la collégiale,
écrit exprès pour cette église dans le xiiᵉ ou xiiiᵉ siècle, n'en
parle pas différemment : « xiii kalendas Novembris in Galliis
» civitate Ageno festum S. Caprasii martyris qui cum ra-
» biem persecutionis declinans, lateret in spelunca, tandem
» animatus ad tolerantiam passionum, ad aream certaminis
» properavit, et palmam martyris fortiter dimicando prome-
» ruit » Et l'annonce de la fête de sainte Foi s'y trouve
» ainsi : « Secundo nonas (octobris) civitate Agenno, natale
» sanctæ Fidis virginis et martyris, cujus exemplo Caprasius
» ad agonem martyrii animatus est. » Après des textes si
précis, les réflexions seraient superflues. J'ajouterai à l'ap-
pui de ce que dit M. Argenton, que dans ce même martyrologe manuscrit qui contient les nouveaux statuts que firent
pour leur église le Prieur et les chanoines, le 2 mars 1335,
ils ne donnent eux-mêmes que la qualité de martyr à leur
patron « ad honorem Dei ac Virginis Mariæ, B. Caprasii
« martyris, patroni nostri. » C'était bien le cas, ce me semble, de lui donner le titre d'évêque, s'ils eussent cru qu'il
l'eût été. Mais, dit M. Labenazie, saint Caprais est représenté prêchant au peuple, imposant les mains dans les re-
liefs des chapitaux des colonnes qui soutiennent la voûte
du chœur ; or, qui ignore que Grégoire de Tours, qui vivait
à la fin du vᵉ siècle, parle de l'église de saint Caprais qui
servit de lieu de refuge à la femme du duc Ragnovalde pour-
suivi par le général des troupes du roi Gontran. A cette objection, qui est assurément très spécieuse, M. Argenton répond
par l'histoire de notre église collégiale actuelle, car il pense
que celle dont parle Grégoire de Tours fut détruite par les

Normans avec l'ancien Agennum dans le ixe siècle ; que les
malheureux habitans d'Agen en rebâtissant leur ville, éle-
vèrent le petit oratoire de saint Caprais du Martyre, et que
c'est à cette église, dite aujourd'huy de l'hôpital, que Raymond, comte de Rouergue et marquis de Gothie, donne quelques alleux, l'an 961, et qu'enfin ce ne fut qu'au xie siècle
qu'on commença de construire l'église moderne de Saint-
Caprais qui ne fut entièrement finie qu'en 1508, comme porte
l'inscription de la voûte, *consummatio ecclesiæ ejusdem*. Le
maître autel fut consacré par Simon, archevêque de Bordeaux, en 1279, les chapelles qui entourent le chœur en
1312. Or, c'est à l'entablement d'une colonne qui soutient le
cintre et sous le cintre même de l'entrée d'une de ces chapelles (de sainte Anne) que saint Caprais est veritablement
représenté dans l'attitude d'un predicateur et sous les habits
pontificaux. Voilà, dit M. Argenton, le premier monument
de l'épiscopat du saint martyr et la première altération con-
nue de notre tradition, et c'est un monument ajouté à l'é-
glise collégiale en 1312 qui nous le fournit, car il est très
faux que les chapitaux des piliers de la voûte du chœur nous
donnent quelques lumières là-dessus. Notre auteur croit que
la cérémonie de la première entrée de nos évêques qui al-
laient prendre à Saint-Caprais leurs ornements pontificaux a
établi l'idée de l'épiscopat du saint martyr, et cette conjecture paraît très vraisemblable.

Quoiqu'il en soit, la tradition moderne ne s'établit pas si
uniformement qu'elle n'ait été attaquée depuis. Elle fut à la
verité répandue dans tout le diocèse en 1526 avec le bréviaire composé pour notre église par Vincent Bilhonis. Jean
(*sic*) Fregose dans le premier propre des saints qu'il fit com-
poser pour son diocèse en 1582 y donna une nouvelle autorité, mais sous Mgr de Villars, son successeur, on ordonna
en 1602 que la fête de saint Caprais ne serait annoncée à
l'avenir que comme celle d'un simple martyr. Cet usage

dura peu..... [1]. Mais M. de Gélas, son successeur, moins complaisant que lui pour la prétention du chapitre collégial, ne
fit donner que le titre de martyr, dans le directoire de 1621,
à saint Caprais, ce qui eut lieu encore en 1622-1623. Ce jugement singulier du 31 juillet 1613 de Mgr le cardinal de Sour-
dis, auprès de qui le chapitre s'était pourvu et à qui les
magistrats de notre ville qu'il avait trouvé le secret de faire
intervenir a fixé la tradition actuelle de façon qu'on passera vraisemblablement pour novateur quand on s'essaiera
d'écrire et peut-être même de penser le contraire.

---

[1] Ici une lacune de quelques mots. Tout le passage est très em-
brouillé. On pourra le reconstituer à l'aide de la savante disser-
tation de M. Ad. Magen (sur *les livres liturgiques de l'Eglise
d'Agen, considérés comme monuments historiques* (Agen, 1861). C'est
encore une note incomplète qui a été écrite en ces termes par Labrunie (même bréviaire) à la suite de la *succession chronologique
des évêques d'Agen abrégée d'après les mémoires chronologiques et
historiques manuscrits composés par M. Argenton, chanoine de Saint-
Caprais* (avec saint Phébade en tête et Mgr Jean-Louis d'Usson de
Bonnac en queue) : « La liste chronologique des évêques d'Agen
faite et fournie par M. Labenazie, prieur de Saint Caprais, aux
auteurs du *Gallia christiana* (édition de 1726) est plus nombreuse
que celle-cy, mais c'est que ce bonhomme attachoit beaucoup
d'importance au nombre et aportoit fort peu de critique à..... »
Auprès de cette note si dédaigneuse, Labrunie a inscrit en quelques lignes son autobiographie : « *Quelques époques qui me regardent.* Je suis né à Agen paroisse de Saint-Etienne un vendredi
30 octobre 1733, à 7 heures du matin, de Pierre Labrunie et de
Jeanne Lacoste. J'ai perdu mon père (qui était marchand de gants
comme son père et son ayeul) en 1774. Il était âgé de 83 ans
moins deux mois, et ma mère en 1776. Elle était âgée d'environ
78 ans, dont elle avait passé dans la plus grande union environ
56 avec mon pauvre père. J'ai été fait prêtre à la Noël en 1767, et
après avoir été successivement vicaire en 1758 et 1759 à Retom-
bat, 1760-61-62 à Saint-Sardos, 1763-64-65 à Clairac, 1766 et par-

IV

Œuvres de Jacques de Romas. Archives de la famille.

(Mémoires écrits de la main de M. de Romas, mais non sans ratures).

Mémoire concernant plusieurs observations qui prouvent que quelque bulle d'air, qui reste presque toujours à la partie supérieure du tube des Baromètres, est la cause qui empêche ces instruments d'être comparables. — 1752.

Observations qui prouvent que, dès que les matières affluentes et effluentes de l'électricité se sont suffisamment approchées l'une de l'autre, elles prennent la forme de deux étincelles qui, s'étant entrechoquées, se séparent brusquement et s'en retournent brusquement vers l'endroit d'où elles étaient parties. — 1752.

Observations qui prouvent que la foudre a non seulement deux barres de feu de même que l'électricité a deux étincelles, mais que de même que l'électricité elle a aussi une attraction.

Mémoire sur les causes qui empêchent les baromètres d'être comparables. — 1753.

---

tie de 67 à [la] Cathédrale, en novembre 1767, 1768 et jusqu'en juillet 1769 professeur de rhétorique au collège d'Agen. j'ai été fait curé de Monbran le 16 mars 1769. » Voir sur Labrunie et sur ses travaux la *Préface* de l'*Abrégé chronologique des Antiquités d'Agen* imprimé de 1884 à 1898 dans la *Revue de l'Agenais*, mais non encore publié en volume. Cette préface est encore inédite, mais c'est avec confiance que j'y renvoie mon lecteur, car l'éditeur et annotateur du manuscrit est M. O. Fallières, que M. l'abbé Louis Bertrand, dans une des notes de l'*Abbaye d'Eysses en Agenais*, œuvre bénédictine commentée *modo benedictino*, proclame avec nous tous « l'homme qui connaît le mieux l'Agenais d'autrefois et l'Agenais d'aujourd'hui ».

Mémoire sur l'utilité de l'inclinaison de l'éguille aimantée avec figures. 1748.

Mémoire imprimé, le seul que M. de Romas ait livré à l'impression chez Bergeret, rue du pas Saint-Georges, et à Paris, chez Pissot, quai des Augustins, libraire, 1776, in-12. Nous avons également le manuscrit écrit de sa main, mais surchargé de ratures. Ce mémoire a pour titre : « Moyens de se garantir de la foudre dans les maisons.

Mémoire sur l'ascension des liqueurs, dans les tuyaux capillaires.

Mémoire sur les thermomètres de Mercure.

Observations météorologiques. — 28 janvier 1768.

Lettre à M. de... relative au Mémoire sur les Baromètres. — 26 mai 1753.

Lettre à M. de Baritault, sur les barres électriques à sonnettes. — 30 juillet 1752.

Lettre à l'Académie, sur les barres électriques. — 22 août 1752.

Description des moyens employés pour préserver les barres électriques du vent et de la pluie, avec figures. — Août 1752.

Lettre à M. de J... sur les barres électriques. — 30 avril.

Lettre à l'Académie, en lui envoyant le premier Mémoire sur le cerf-volant. — 14 juin 1753.

Lettre sur les barres électriques. Expérience du cerf-volant. — 12 juillet 1752.

Premier Mémoire sur le cerf-volant électrique, lu le 25 août 1753 à l'Académie de Bordeaux.

Deuxième Mémoire sur le cerf-volant électrique. — 14 janvier 1754.

Lettre à M. de Secondat sur les télescopes et sur les barres électriques. Priorité de la découverte. — 26 décembre 1754.

Lettre à M. de Lamontaigne pour obtenir des pièces prouvant sa priorité sur l'invention du cerf-volant électrique. — 3 mars 1761.

11

Observations sur l'électrisation de deux paralytiques. 1752.

Mémoire sur la perméabilité du verre par le feu électrique...

Problème : Diviser un angle ou arc quelconque en trois parties égales avec figures...

Mémoire sur le mouvement perpétuel avec 17 Planches. — 1742.

Mémoire sur l'accourcissement des télescopes à réflexion et à réfraction. — 1754.

Mémoire sur un nouveau gouvernail, accompagné de douze figures et de leur description. — 1764.

Lettre de M. de Romas au secrétaire de l'Académie de Bordeaux, datée de Nérac, 1er mars 1757.

Autre lettre du 6 décembre 1771.

Lettre de M. de Romas à l'intendant de Bordeaux, sur la chaire de physique expérimentale. — 20 novembre 1757.

Autre lettre à l'intendant de Bordeaux sur le même sujet. — 8 décembre 1757.

Lettre à l'intendant de Bordeaux, M. de Tourny. Nérac, 9 juillet 1758.

Lettre de M. de Romas à l'intendant de Bordeaux. — Nérac, 16 juillet 1758.

Lettre de M. de Romas adressée à M. Duchesne, écuyer, chef des bureaux de l'intendance à Bordeaux, concernant l'établissement d'une chaire de physique à Bordeaux. — Nérac, 6 août 1758.

Lettre à l'intendant, au sujet du Mémoire concernant le projet de l'établissement d'une chaire de physique. — Nérac, 18 novembre 1758.

Mémoire au sujet de l'établissement d'une chaire de physique expérimentale. — 1758.

Lettre à l'intendant. — 14 septembre 1758.

Autre mémoire sur le même sujet. — 1757.

V

Notes additionnelles.

(A propos de Ferrein) : M. Jules Andrieu (*Bibliographie
générale de l'Agenais*, t. i, p. 299) dit que l'on connaît un
magnifique portrait de ce médecin par *Marillier* (estampe
in-f°). A mon tour je dirai que la Faculté de médecine de
Paris conserve son buste modelé par J.-B. Le Moyne. L'en-
seignement médical de Ferrein me rappelle que, de nos
jours, l'Agenais a fourni à la Faculté de Paris deux de ses
professeurs les plus distingués, M. le docteur J. Gavarret et
M. le docteur A. Laboulbène.

(A propos de Sylvain Régis et de Silhon) : J'aurais dû noter que Descartes semble avoir eu une sympathie particulière pour nos hommes célèbres, ses contemporains, car si
Régis fut son disciple favori, il a fait, dans une de ses lettres,
l'éloge du talent de Théophile Viau et il donna toute son
affection à Jean de Silhon, ce qu'Adrien Baillet, dans la plan-
tureuse biographie de l'immortel penseur, a eu soin de
constater en ces termes (p. 144) : « On peut mettre pareillement au nombre des amis que M. Descartes acquit à Paris
M. Silhon. M. Silhon était natif de Sos, en Gascogne : il fut
honoré de la qualité de conseiller d'Etat, du temps du cardinal Mazarin, auquel il se rendit agréable et nécessaire. Il a
survécu plusieurs années à M. Descartes, et il a eu pour
successeur à la place d'académicien, M. Colbert, ministre
d'Etat, en 1667. »

J'ajouterai que Gabriel Naudé (*Jugement de tout ce qui a
été imprimé contre le cardinal Mazarin*, sans date, in-4°,
p. 132) vante ainsi le style de Silhon : « ledit sieur en qualité de secretaire, et comme estant une des meilleures plumes de France, peut mieux faire ces apologies que personne

du monde. » Voir sur Silhon deux passages qui, ce me semble, n'ont pas encore été signalés, de la *Muse historique* de
Loret (dernière édition, t. ı, p. 425 ; tome ıı, p. 47).

(A propos de Combefis) : M. Léon G. Pélissier a publié
dans la *Revue Sextienne* du 15 mai 1888 (p. 73), parmi
Quelques lettres à J.-M. Suarez, une lettre tirée de la bibliothèque Barberini et adressée à l'évêque de Vaison, le 17 février 1671. Notre dominicain y entretient le docte prélat de
la reine Christine, à laquelle il vient d'écrire, de l'Histoire
Byzantine, de « Monsieur Colbert, » de Louis XIV qui « desire paroistre autant dans son impression du Louvre que
pour tout le reste, c'est-à-dire le plus grand des roys et le
plus magnifique, » enfin de ses œuvres, parmi lesquelles il
énumère « un grand corps de *sermons et homélies* en 8 volumes, chez Berthier, » le *De educandis liberis* (non indiqué
par les bibliographes), le *Lecti Martyrum triumphi*, le *Ma-*
nipulus rerum Constantinopolitanarum « imprimé avec le
De Simeonibus, » l'*Histoire des Monothélites*, ouvrage qui
« n'est pas bien venu à Rome, le cardinal Baronius y étant
« un peu mal traité. » M. L.-G. Pélissier m'indique l'exis-
tence à Rome, dans la Vallicelliane, d'une lettre latine de
Combefis à Holstenius (1640) et de plusieurs lettres latines du
même à Allacci (1642-1663). Espérons que cette correspondance sera, quelque jour, utilisée par un jeune érudit qui
prendrait pour sujet de doctorat l'helléniste Combefis et ses
doctes correspondants [1].

---

[1] Il y aurait à rechercher des lettres de Combefis à Du Cange qui
ont disparu de la Bibliothèque nationale (F. Fr. 9502). On lit au
sommaire de ce volume (f° 2) : « Combefis, de l'ordre des frères
prescheurs, février 1655 et autres dans la même année. Ces lettres
roulent uniquement sur le Traité de saint Jean Baptiste. Elles
sont chargées et accompagnées de plusieurs pièces et morceaux
d'érudition grecque,... »

.. (A propos de Boileau) : On a vendu à Paris, le 30 mai 1884 (Catalogue Eugène Charavay) 23 lettres autographes de l'abbé J.-J. Boileau à la présidente de Crèvecœur, à Mlle de l'Estrange et à Mme de Vieuxbourg, écrites de 1730 à 1734. Dans cette intéressante correspondance des dernières années du vieux janséniste (en 55 pages in-8°), on trouve cités les noms du duc et de la duchesse de Chevreuse, de l'abbé Testu, de Fénelon, du chancelier d'Aguesseau, de Madame de Monti et de Vibray, etc. L'abbé recommande à Mlle de l'Estrange de brûler ses *griffonnages*, mais a-t-on jamais, en ce cas, rien brûlé ? M. A. Gazier a trouvé dans un volume de la collection Le Paige, si bien placée entre ses généreuses mains, un épigrammatique sixain où le cardinal de Noailles est nommé à côté de celui qui fut son *bras droit* :

> Cesssez, Messieurs les beaux esprits,
> De fatiguer par vos escrits
> Son Excellence de Noaille,
> Car lorsque son docteur Boileau
> N'aura rien à dire qui vaille,
> On aura recours au bourreau.

(A propos du comte de Montazet) : J'extrais d'un manuscrit du comte Gilbert de Raymond, maire d'Agen en 1779, où les détails domestiques se mêlent aux récits des évènements et qui est à la fois un mémorial familial et historique (manuscrit qui, des archives de la comtesse de Raymond, a passé dans celles du château de La Brède) cet éloge funèbre du lieutenant-général : « Le 27 [janvier 1768] mourut à Quissac, à 3 lieues d'Agen, M. le comte de Montazet, lieutenant général des armées du Roy, Grand Croix de l'Ordre de Saint-Louis, chevalier de l'Ordre de l'Aigle-Blanc, gouverneur de Saint-Malo, inspecteur général de cavalerie et d'infanterie, et ministre plénipotentière (*sic*) auprès de la reine de Hongrie, après quarante-trois jours de maladie. Il fut généralement regretté de tout le monde et à juste titre il mérite tous nos regrets. Il aimoit à rendre service et surtout à ceux de son pays et si la mort ne l'avoit arrêté dans sa carrière, il seroit parvenu par ses talents au faîte des grandeurs humaines. »

Dans les *Annales* de la Faculté des lettres de Bordeaux (année 1879, p. 187-189), j'ai publié une lettre latine d'un autre membre de la même famille qui fut une des lumières du Parlement de Bordeaux, Geoffroy de Malvin, seigneur de Cessac (en Agenais), que son compatriote le jurisconsulte Automne proclame « un des plus doctes et éloquens personnages de France. » Mon bien cher confrère et ami M. R. Dezeimeris, complétant très heureusement ma communication dans le même recueil (1er fascicule de 1880), a donné la réponse du grand historien le président de Thou à la lettre qui lui avait été adressée (1609) par le magistrat de Bordeaux.

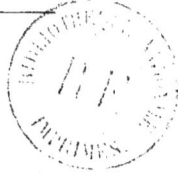

TABLE DES MATIÈRES

APPENDICE

www.ingramcontent.com/pod-product-compliance
Lightning Source LLC
Chambersburg PA
CBHW072044090426
42733CB00032B/2228